Anomalous Press
Providence
(y Puerto Rico, siempre en el corazón)
2019

Puerto Rico en mi corazón
© 2019

ISBN: 978-1-939781-39-0.

First edition 2019.
Cover designed by Mariana Ramos Ortiz & letterpress printed by Erica Mena.
Designed by Erica Mena. Printed and bound by Bookmobile.

www.prenmicorazon.org
www.anomalouspress.org

CONTENTS

INTRODUCTION

"Yo sería borincano aunque naciera en la luna." Y lo somos todos esta noche. En Nueva York, en Chicago, en Filadelphia, hasta en el espacio. The four of us met in cyberspace and in the meta-diaspora made of Puerto Rican poems. When the storm hit, that's where we began to build—an immaterial way to survive the very material grief of our own survival. But with so much loss, we knew we'd have to make something we could hold—and something that could travel, and fly out from us as birds of protest against failed recovery and the policy that preceded it. We hope this anthology and the handmade broadsides that preceded it will participate in the vast ecosystem of care that calls our community into being.

The broadside project also elaborated a long, existing Puerto Rican tradition of printed work. Produced in studios across the diaspora—and at La Impresora, in Santurce—they testify, along with this anthology, to the necessity of collaboration and a repudiation of the American call for "self-reliance," so often a brittle mask for colonial neglect.

In what language does this body—of poems—speak? "America" brands us with citizenship and in the same strike asserts the supremacy of its own national dialect. To quote Lara Mimosa Montes, speaking it finds us: "snarling behind the barricade (because) at some point we stopped feeling (like language could say)."

The Caribbean is one of the most linguistically rich regions in the world. So many creole languages came into being in response to slavery and forced migration, only to be devalued and repressed in our lives and literatures. We cannot understand empire, especially U.S. empire, without understanding the violence of monolingualism. The decision to connect island and diaspora is also rooted in language.

Poets in Puerto Rico have long gone unrecognized by poets in the mainland U.S. It's time to end the tradition of readings with only diasporic writers. And in Puerto Rico, the literary community needs to acknowledge and welcome diasporic writers who desire to build and learn alongside Boricuas on the island.

When we decided our project would have to be bilingual, we were not declaring the "equality" of English and Spanish or initiating a "cross-cultural" exchange. Ours is one culture whose bleeding edges cannot be bandaged. Ours is a tongue forked by cutting. To quote Joey de Jesus, many poems in our purview "have a mind halved / into open compendium." To quote Yara Liceaga, "este calor me hace desdecir / así que / paladeo la distancia / con una mueca."

In other words, many of the poems here are already bilingual before the task of translation officially begins. Or they strain against words worn out by mindless repetition. With *Puerto Rico en mi corazón* the task of translation has been intimate work, like helping a friend spit out her words between spasms of laughter or tears. Poets writing in English confided in me that seeing their own poems rendered in Spanish made those poems feel complete, as if translations were not doubles or supplements but animating spirits breathing back into the body.

Puerto rico en mi corazón is not, ultimately, an anthology, but a hole in our hearts through which the voices around us—and those we strain to hear—rush with astounding force. These voices make an ensemble whose chorus is yes. Although these voices are original and extraordinary, we do not stand before you as curators, if to curate is to offer a canonical narrative. Although we've made an effort to reach widely, this ensemble is reflective of our own connections, our own positions, and we ready ourselves for new configurations.

Of course, new configurations are only imaginable in the wake of former visions. The slogan of the Young Lords, the radical Puerto Rican liberation group, was "Tengo Puerto Rico en mi corazón // I have Puerto Rico in my heart." To the untrained ear, the phrase may sound simple and sentimental, validating the notion that Puerto Ricans are a simple and sentimental people. But we see what that phrase means now. Even when no one could see us, we knew where we were at. We didn't need a map to find ourselves.

And now we ask you to close your eyes. Darkness, with a rim of light beginning to glow at the horizon. You're on a raft on the sea. When you dip your hand in the water the movement of the current tells you an island is near. What are you carrying with you? And when you reach the island, what will you find?

—Carina del Valle Schorske, Ricardo Maldonado,
Erica Mena & Raquel Salas Rivera
March, 2019

PAPERLESSNESS

Polvorones

2 tazas de harina de trigo
1 taza de azúcar
1 taza de manteca vegetal
1 yema de huevo batida
1 cucharada de mantequilla
½ cucharadita de sal
1 clara de huevo

Cierna la harina de trigo y la sal
Bata la manteca vegetal hasta que esté blanda
añada el azúcar poco a poco
      luego la yema de huevo batida, la clara de huevo y la mantequilla
Agregue la harina de trigo revolviendo para que una bien,
haga bolitas pequeñas y coloque en molde (Y parecióle cosa conveni-
ente pónla en molde)
aplaste un poco para darle forma redonda
Hornee por 10 o 20 minutos

Almojábanas

½ taza de harina de trigo
1 taza de harina de arroz
½ taza de leche
4 huevos
4 cucharadas de mantequilla
½ taza de queso rallado

Cierna la harina de trigo y la harina de arroz,
mezcle con el queso rallado

añada con los huevos, la mantequilla y la leche   (porque Su Alteza la leyese con más facilidad)

                                                  sazone a gusto

Recoja la masa con una cuchara para que queden redonditas

Fría las almojábanas en manteca caliente

Buñuelos

    1 taza de agua
    4 cucharadas de mantequilla
    ½ cucharadita de sal a gusto
    1 taza de harina de trigo
    1 ½ cucharadita de baking powder
    4 huevos

Ponga el agua a hervir en un recipiente junto con la mantequilla y la sal
       agregue la harina de trigo y el baking powder

Bata hasta formar una masa dura que se despegue de la olla
       (Si Aristóteles hubiera guisado)

Retire del fuego y
       añada los huevos uno a uno hasta unir bien

Fría en manteca caliente y escurra sobre papel toalla

También puede moldearlos con una cuchara para darles la forma deseada

Tembleque

    2 tazas de leche de coco
    2 tazas de leche evaporada
    1 taza de azúcar
    ½ taza de maicena
    ½ cucharadita de sal
    1 cucharada de vainilla o agua de azahar
    2 cucharaditas de canela en polvo a gusto

Combine todos los líquidos

luego mezcle con los demás ingredientes y
cocine a fuego lento,   (mucho más hubiera escrito)
moviendo suavemente para que no se pegue y se cocine bien
Vierta caliente en un envase y déjelo enfriar bien en la nevera
Corte, sirva o vire sobre un plato
y espolvoree canela a gusto

RAQUEL ALBARRÁN &
CARMEN ALICIA REYES ARROYO
TRANSLATED BY RICARDO MALDONADO

A FALTA DE PAPEL

Shortbread cookies

> 2 cups of wheat flour
> 1 cup of sugar
> 1 cup vegetable shortening
> 1 egg yolk, beaten
> 1 tablespoon of butter
> ½ teaspoon of salt
> 1 egg white

Sift wheat flour and salt
Beat vegetable shortening until it softens
add sugar, pinch by pinch
> then the beaten egg yolk, egg white and butter
Mix in wheat flour and stir until it comes together,
roll into tiny balls and place in mold (It seemed to him a good idea to
have it in molding)
press down a bit to give them a round shape
Bake for 10 or 20 minutes

Almojábanas

> ½ cup of wheat flour
> 1 cup of rice flour
> ½ cup of milk
> 4 eggs
> 4 tablespoons of butter
> ½ cup of grated cheese

Sift wheat flour and rice flour,
mix in grated cheese
add eggs, butter and milk (to enable His Highness to read it more easily)

RAQUEL ALBARRÁN &
CARMEN ALICIA REYES ARROYO
TRANSLATED BY RICARDO MALDONADO

season to taste
Scoop up dough with a spoon to give them a round shape
Fry in hot lard

Fried Cakes

> 1 cup of water
> 4 tablespoons butter
> ½ teaspoon of salt, to taste
> 1 cup of wheat flour
> 1 ½ teaspoon baking powder
> 4 eggs

Boil water in a bowl together with the butter and salt
add wheat flour and baking powder
Beat until you form a hard dough that can be easily scooped off the
pot (If Aristotle had cooked)
Remove from heat and
add the eggs, one by one, until mixture comes together
Fry in hot lard and drain on paper towel
You may also use a spoon to give them the desired shape

Coconut Pudding

> 2 cups of coconut milk
> 2 cups evaporated milk
> 1 cup of sugar
> ½ cup cornstarch
> ½ teaspoon of salt
> 1 tablespoon vanilla or orange blossom water
> 2 teaspoons of cinnamon powder, to taste

Combine all liquids
then mix in with the other ingredients and
simmer,   (he would have written much more)

RAQUEL ALBARRÁN &
CARMEN ALICIA REYES ARROYO
TRANSLATED BY RICARDO MALDONADO

stirring gently so that it doesn't stick and cooks well
Pour while hot into a container and let it cool well in the fridge
Cut into pieces, plate or serve onto a platter
and sprinkle with cinnamon to taste

DIOSA TE SALVE, YEMAYÁ

Diosa te salve, Yemayá
llena eres de Ashé
la Babalawo sea contigo
bendita tus hijas que toman la justicia en sus manos
y bendito es el fruto de tu océano-río Oshún

Santa Yemayá
madre de diosas
consentidora de todos los amores
de todas las lenguas y enjambres de labios
de toda hembra que ama a otra mujer

Ave Purísima Yemayá
santificada por criar a nuestras hijas e hijos
y enseñarles a devolver el golpe del marido borracho
maltratador
abusador
llena eres de balas
y cuchillas
prestas para el ajusticiamiento

rueguen por nosotras los orishas
Obatalá
Orula madre y padre
los dioses del santo hermafroditismo Eleguá y los ángeles transexuales
ahora y en la hora
de la libertad
de la desobediencia civil
de los defensores
de nuestra entrega por la patria
y nuestra bandera borincana
amén

YOLANDA ARROYO PIZARRO
TRANSLATED BY RAQUEL SALAS RIVERA

HAIL YEMAYÁ

Hail Yemayá
full of ashé
the babalawo is with you
blessed are your daughters that take justice into their own hands
and blessed is the fruit of your river-ocean Oshún

Holy Yemayá
mother of gods
spoiling us with all the loves
all the languages and swarms of lips
of each woman who loves another woman

Our Yemayá, who art in heaven
hallowed be thy name for raising our daughters and sons
and teaching them to hit the drunk husband back
abuser
full of bullets
and knives
ready to enact justice

pray for us, orishas
Obatalá
Orula mother and father
the gods of the hermaphrodite saint Eleguá and the trans angels
now and in the hour
of our freedom
of our civil disobedience
of the defenders
of our complete surrender to our patria
and our borincana flag
amén

POEM IN WHICH I ONLY USE VOWELS

Poem in which I have wisdom.
Poem in which I have a father.
Poem in which I care.
Poem in which I am from another country.
Poem in which I Spanish.
Poem in which flowers are important.
Poem in which I make pretty gestures.
Poem in which I am a Deceptacon.
Poem in which I am a novelist.
Poem in which I use trash.
Poem in which I am a baby.
Poem in which I swaddle.
Poem in which I bathe.
Poem in which I am a box.
Poem in which its face is everything.
Poem in which faces are everywhere.
Poem in which I swear.
Poem in which I take an oath.
Poem in which I make a joke.
Poem in which I can't move.

POEMA DONDE SÓLO USO VOCALES

Poema donde tengo sabiduría.
Poema donde tengo papá.
Poema donde me importa.
Poema donde soy de otro país.
Poema donde yo español.
Poema donde las flores son importantes.
Poema donde hago bonitos gestos.
Poema donde soy un Deceptacon.
Poema donde soy novelista.
Poema donde uso basura.
Poema donde soy bebé.
Poema donde me envuelvo.
Poema donde me baño.
Poema donde soy una caja.
Poema donde su cara es todo.
Poema donde las caras están en todas partes.
Poema donde juro.
Poema donde tomo un juramento.
Poema donde hago un chiste.
Poema donde no me puedo mover.

CALICHOZA

He walks there still, mumbling loss to a bend of river,

    over & over, asks *¿Por qué?*

& means:

    the river takes a child,

easy as sand.

    In flood season, it strips & carries. Men live, die or are but this:

        rum in the graying rise of floods.

The water swept his son to sea,

    & now he vanishes slow as bends in rivers.

ANDRÉS CERPA
TRADUCIDO POR RICARDO MALDONADO

CALICHOZA

Por ahí aún camina, balbuceando en su pérdida ante el curso del río,

preguntando, una & otra vez, *¿Por qué?*

& qué significa:

el río toma a un niño,

tan fácil como la arena.

En temporada de inundaciones, el río despoja y lleva con su carga. Hombres viven, mueren o son todo menos esto:

el ron creciente en su desborde gris.

El agua arrastró su hijo al mar,

y desaparece, lentamente ahora, como el curso de los ríos.

RICANTATIONS

Hurricane María, wheeled over the sea,
a day away from upending and crushing cars,
prying roofs, plucking up electrical poles,
cracking trees to the stub,
flooding plantain fields of Yabucoa.

Our avocado trees, roots rumbling,
threw down their green pears all at once,
so that when they were broken and uptorn,
their stones would tap into soil.

Blue macaws flew loudly up-mountain;
unprepared for what came, we bunkered down.

At the storm's transit from tropical to Cat 5,
I saw through louvered bedroom window,
an enormous, old iguana, 5 or 6 feet
from nose to tail. He sat at the top corner
of my vine-covered fence,
bowing down chain-link with his weight.
His armour-plated face, rain-doused,
pointed into the wind. Spikes ridging his back
and black-striped tail, his orange neck flap
and haunches showed his age. In his heavy-lidded
green eyes, what mood? I was in the cabin
of a ship, and he was both captain and figurehead,
an ancient dragon sailing us into a sky bomb.

Boombox María, with her twisted dance track
of everything shattered, crumpled and airborne,
sucked windows flapping, hammered house corners,

LORETTA COLLINS KLOBAH

cisterns, fences and iron gates free-flying, hilltop
homes mud-sliding. Whatever African tulips she left
were bark-stripped, naked as bone, wind-burned.

When neighbors cleared trees and debris,
we went out onto the swamped streets.
Ceiba trees, massive trunks, pulled up like radishes.
Piñones erased by sand, beach huts gone.
Signs and stop lights curled wreckage—
Cemetery wall strewn along the hotel strip.

Young iguanas, ousted from shorn treetops,
ran into the road and were run-over.
Honey bees flew into our homes,
their hives and colonies carried away,
surviving plants disrobed of flowers and fruit.
Bats whisked overhead at twilight.

Families with no roofs slept on sodden couches,
in bathrooms, on patios, in leaking garages.
National Guardsmen stood with long rifles
at gas pumps, directed traffic with their rifles,
and with rifles in hand, gave out shoeboxes
of Doritos and raisins and Vienna sausages
and Coca Cola to mothers in Barrio Obrero
with kids on their hips, who had waded
through deep black water.

I fed honey bees, soaked napkins with sugar-water
and waggled the wet flags at them until
they surrendered and sipped to their fill.
But, I searched in vain for pure water
to bring to my diabetic daughter,
could invent no cooler for her insulin vials.

My ulcerated legs dripped lymphatic sap and pus.
Doctors vanished. I let my daughter go
into safe exile, charitably evacuated.

With Carmen, Enid, and Margarita, I traded
clothes, food, solar lights, and small bags of ice.
We bathed in bowls and hand-washed clothes
with tainted water, the dam at Comerío filled
with animal carcasses, the raw sewage of Caguas
backwashing into our incoming water lines.

Eleven cargo truck containers
stacked with human corpses piled up
in the coroner's back lot.

Nothing now is normal
though remaining trees rush to green up
and flower, dogs bark, and the sea still
waves its bacterial flag over the shores.
I hear quarrelling macaws and parakeets.
Ay, Le Lo Lai songs move us,
but not to full tenderness.

Still, we feel new incantations of something
primal in us, allied by our hurricane grief,
disordered, but sentient of how we are related, neighbors,
iguanas, honey bees, bats, birds, trees, islands.
What is possible now? Can we do some things
differently now?

PN Review ; Ricantations (Leeds, Peepal Tree Press, 2018).

LORETTA COLLINS KLOBAH
TRADUCIDO POR GADDIEL FRANCISCO RUIZ RIVERA

RICANTAMIENTO

El huracán María, giró sobre el mar,
a un día de volcar y destruir carros,
entrometerse en los techos, arrancar los postes,
rajar los árboles hasta el cabo,
inundar plantaciones de plátano en Yabucoa.

Nuestros palos de aguacates, las raíces murmullando,
lanzaron abajo sus peras verdes de cantazo,
así cuando estén quebradas y destrozadas,
sus huesos se puedan introducir al suelo.

Guacamayas azules volaron ruidosamente sobre la cima;
desprevenidos para lo que vino, nos refugiamos.

Mientras la transición de tormenta tropical a Cat 5,
vi a través de la ventana del cuarto,
una enorme y vieja iguana, de 5 o 6 pies
desde la cabeza al rabo. Se sentó en el rincón más alto
de mi verja cubierta de enredaderas,
inclinando la malla ciclónica con su peso.
Su cara acorazada, empapada por la lluvia,
apuntando al viento. Los picos encumbrando su espalda
y su cola de rayas negras, su gaita naranja
y sus ancas revelaban su madurez. En sus ojos verdes
de parpados gruesos, ¿qué ánimo? Yo estaba en la cabina
de un barco, y él era tanto el capitán como el mascarón,
un antiguo dragón navegándonos hacia una bomba aérea.

Boombox María, con sus pistas de pasos retorcidos
de todo hecho trizas, abollado y por los aires,
ventanas agitadas, las esquinas de las casas laceradas,

cisternas, verjas y rejas de acero volando, en las cimas
las casas deslizándose en el fango. Cualquier tulipán que dejó:
sin corteza, hasta el hueso, quemado por el viento.

Cuando lxs vecinxs limpiaron los árboles y los escombros,
salimos hacia las calles inundadas.
Árboles de ceiba, troncos enormes, arrancados como rábanos.
Piñones borrado por la arena, las chozas esfumadas.
Letreros y semáforos restos encorvados, —
El muro del camposanto disperso a lo largo de la franja hotelera.

Iguanas jóvenes, expulsadas de las copas calvas de los árboles,
corrieron al camino y fueron atropelladas.
Las abejas volaron hacia nuestros hogares,
sus colmenas y colonias llevados por la tormenta,
las plantas sobrevivientes desnudas de flores y frutos.
Al ocaso, los murciélagos aleteando por encima de nosotrxs.

Familias sin techo durmieron en sofás empapados,
en baños, en patios, en garajes con goteras,
la Guardia Nacional se paró con fusiles largos,
al lado de las bombas de gasolineras, controlaban el tráfico,
y, fusil en mano, repartieron cajas de zapatos
llenas de Doritos y pasas y salchichas Vienna
y Coca Cola a las madres en Barrio Obrero
con niñxs a la cadera, que vadearon
cruzando profundas aguas negras.

Yo alimenté a las abejas, entripé servilletas con agua-azúcar
y ondeé la bandera mojada hacia ellas hasta que
se rindieron a sorber hasta su saciedad.
Pero, busqué en vano agua potable
para traerle a mi hija diabética,
sin poder inventar maneras de refrigerar su insulina.

LORETTA COLLINS KLOBAH
TRADUCIDO POR GADDIEL FRANCISCO RUIZ RIVERA

Mi pierna ulcerada gotea savia linfática y pus.
Los doctores se desvanecieron. Dejé a mi hija ir
a un exilio seguro, caritativamente evacuada.

Con Carmen, Enid y Margarita, intercambié
ropas, comida, luces solares, y pequeñas bolsas de hielo.
Nos bañamos con baldes y lavamos ropa a mano
con agua sucia, la represa de Comerío repleta
de cuerpos de animales, las aguas negras sin tratar de Caguas
en oleaje recibidas hacia nuestras líneas de agua.

Once contenedores de carga
rellenos de cuerpos humanos apilados
en la parte posterior de los forenses.

Nada ya es normal
aunque los árboles que quedan se apuran en reverdecer
y aflorar, los perros ladran, y el mar aún
ondula su bandera bacterial sobre las costas.
Escucho discutir a guacamayos y cotorras,
Canciones Le Lo Lai nos mueven,
no hasta la total ternura.

Aún así, sentimos nuevos encantamientos de algo
primigenio en nosotros, aliados por nuestro dolor huracanado,
desordenados, pero conscientes de cómo estamos relacionados, vecinos,
iguanas, abejas, murciélagos, aves, árboles, islas.
¿Qué es posible ahora? ¿Podemos hacer algo
diferente ahora?

PN Review ; Ricantations (Leeds, Peepal Tree Press, 2018).

GUABANCEX

gun to my chest heavy with the weight of
what hasn t happened yet   i   was

asleep   with a noose around my neck
ground glass in my palms   a   razor

in my sex-   -under my tongue
I m sorry-   -there is no happiness

there is no pleasure-   -nothing is left
and I can t wait-   to tell you about it

ANDREW COLARUSSO
TRADUCIDO POR RICARDO MALDONADO

GUABANCEX

una arma pesa sobre mi pecho con la carga de
lo que no ha pasado todavía   yo

dormía con una soga sobre mi cuello   vidrio
en polvo sobre mis palmas   una navaja

en mi sexo-   -bajo mi lengua
lo siento-   -no hay felicidad

no hay placer   -no queda nada
y no puedo esperar   para contártelo

DESDE EL CORAZÓN

de los electrodomésticos dañados
de las perchas ya sin nadie
con un ala baja y la otra ala
un poco más abierta
con la noche lacia y los animales del patio
en el lugar del suministro
se carga la tierra sin las treguas
sin el fosforecer de panes y el confeti
creciendo en las casas sin un rumbo
un dios que está presente a lo yerbajo
con potestad de hormiga brava
almorzado de follajes y de lluvia
sus ojos como alhelíes chicos
los pájaros gritando como ajenos de costumbre.

Es casi como un pez
como una rama de coral
como una vara de yuca por noviembres
locos de amor
la luna lo desbarata cada vez.

Pero ella llegó con lámparas
y me sacaba el polvo de encima
sentada sobre frutas sobre dados
algo como un sol
se fue al despedirla.

Junio de tarde
allá en la escala desde entonces
el techo que comienza
a abrirse como un lago

KENNETH CUMBA

justo ante eso
que soñé ya hace mucho.

Se oye el tuntún de las papas
las pupilas distraídas por la ola
un adobo de ceniza
condimenta el firmamento.
Quisiera escuchar a alguien decir grifería.
Al garete.
Anoche la bandera
me regresó a los sueños.
A todos mis amigos
que ahora nadan hacia el baño.
Y yo que me embrujé de las camas
me presenté amapola
decidí llegar tarde al trabajo.

KENNETH CUMBA
TRANSLATED BY RAQUEL SALAS RIVERA

FROM THE HEART

of damaged appliances
of clothes hangers now emptied of people
with one wing closed and the other wing
somewhat open
with straight-haired night and backyard animals
in the place where they keep rations
the earth becomes charged without truces
without the glow of breads and the confetti
that grows in aimless homes
a god is as present as a weed
with the power of a fire ant
feeding on foliages and rain
his eyes like small wallflowers
the birds crying out as if alien to habit.

It's almost like a fish
like a coral branch
like a yuca rod around novembers
mad with love
the moon wrecks it each time.

But she shows up with the lamps
and dusts the dirt off me
while she sits on fruit with dice
something like a sun
came up to say farewell.

Afternoon June
in the layover since then
the roof that starts to
open like a lake

KENNETH CUMBA
TRANSLATED BY RAQUEL SALAS RIVERA

just before that
which i dreamt long ago.

You can hear the tuntún of the potatoes
of pupils distracted by the wave
of an ash adobo
condiment of the firmament.

I'd like to hear someone say grifería.
Al garete.
Last night the flag
took me back to dreams.
To all my friends
who now swim towards the tub.
And I who was bewitched by beds
introduced myself as poppy
decided to be late for work.

...BECAUSE I DON'T SEEK INCLUSION

The idea of citizenship is just
another wall that divides us.

I'm speculating futures.
Now, I'm serving papi

a secret service hidden
in the brambles at my back gate.

I loot a salutation to a white christ
of its contraband and found

my nation in the clouds. Riot
shields and barricades delineate

a border, which is a bulwark
wired in flaming hot Takis

from habibi down the block
—funny how that is,

to have a mind halved
into open compendium,

to have a voice most sexy
when it's gone.

...PORQUE NO BUSCO LA INCLUSIÓN

La idea de la ciudadanía es solo
otra pared que nos divide.

Estoy especulando futuros.
Ahora, le estoy sirviendo a papi

un servicio secreto escondido
en las zarzamoras del portón del patio.

Saqueo una salutación a un cristo blanco
de su contrabando y fundo

mi nación en las nubes. El motín
escuda y las barricadas delinean

una frontera, que es un baluarte
alambrado en Takis extra picantes

de habibi al final de la cuadra
—qué cómica la cosa,

tener una mente a la mitad
en compendio abierto,

tener una voz que es más sexy
cuando se va.

CON EL CUERPO LEO
LOS CICLOS DE LA NATURALEZA

con el cuerpo leo los ciclos de la naturaleza
de pronto me siento árbol
y me crecen las hojas

mi corazón palpita
bombea sangre por todas sus ramificaciones

los días se acumulan de formas diferentes

a veces
uno simplemente
no está listo

listo para la muerte

de alguna forma
tomo en la boca la palabra brindar
y después es el momento
de no esperar

      nada
      de nadie

NICOLE DELGADO
TRANSLATED BY CARINA DEL VALLE SCHORSKE

WITH MY BODY I READ
THE CYCLES OF NATURE

with my body i read the cycles of nature
soon enough i feel treelike
and grow leaves

my heart palpitates
and pumps blood
thru all these branches

the days accumulate in different ways

some days
one is simply
not ready

ready to die

somehow i take
in my mouth the word
offering and then
it's the moment
i won't wait for

nothing
from nobody

DESPIERTO AL CANTO DEL PITIRRE

Despierto al canto del pitirre
apostado en mi ventana.
Es otro día … otro comienzo
de puertas cerradas que iré a derrumbar.
Pero no sé por donde irme
si todos los caminos han sido tomados como rehenes
de este nuevo régimen de palmas engreídas.

Por dónde salgo
si las calles en las que jugué una vez
están atestadas de leyes que conspiran en contra nuestra,
ayer una de ellas le prohibió
la comida a mi hermano
porque a nuestra madre
le aplicaron una séptima ley
como una eutanasia indebida.

¿Por dónde comienzo?
¿Hacia dónde avanzo?
si a dondequiera que vaya
me seguirán las cenizas del cáncer
de aquellos vertederos del terror.

Empezaré desde la canción y la protesta
pisaré fuerte
con ganas de hacer temblar
todas las falsas promesas impuestas
como esta ciudadanía triste
de huesos colonizados.

Pero tengo miedo de perderme
de que todas las ventanas y puertas que dan hacia la esperanza
sean otra mentira de pan, tierra y libertad…

JOSÉ ERNESTO DELGADO GONZÁLEZ
TRANSLATED BY ERICA MENA

I WAKE TO THE SONG OF THE KINGBIRD

I wake to the song of the kingbird
stationed at my window.
Another day … another start.
I will break down the closed doors,
but I don't know where to go
if all roads have been taken hostage
by this new regime of vain palms.

How do I leave
if the streets where I used to play
are jammed with laws that conspire against us,
yesterday one banned my brother
from food because they applied
the seventh law to our mother
like unjust euthenasia.

Where do I start?
Where can I go if wherever I go
the cancerous ashes
of those dumping grounds
will follow me?

I'll begin with song and protest
I will step strong
to shake all the false promises
imposed like this
sad citizenship
of colonized bones.

But I'm afraid of losing myself
that all the windows and doors that could lead to hope
might be another lie of bread, land, and liberty…

LLUVIA DE COMETAS

A los ladrones vestidos de profetas
de un hemisferio al otro de la Tierra
para aclarar la vista de quien sigue su afrenta
de quien sufre las consecuencias
a los pueblos que siguen sangrando en carne viva
y a los guerreros que andan siempre por la ruta cierta
avancemos a la revolución
no a la barbarie de la guerra.

No iban en busca de los cometas suicidas
que perdidos de la ruta incendiaron tras su caída
las viles carcajadas del templo a la prepotencia
y otras sonrisas bellas, rostros llenos de inocencia
por incitar los astros a este hecho inaudito
no buscan a Satán, ni siquiera al Anticristo
no van tras de su rastro por todo el universo
a robarnos el alma para hallar algún infierno
llegar a sus entrañas, arrancarle lo siniestro
labrando un camposanto en el nombre del cielo
por más apocalíptico que parezca el delirio
de la Tierra esta noche al ver sus hijos marchitos
el sol saldrá mañana como de costumbre
y no habrá fuerza alguna que pueda matar su lumbre
y junto a las galaxias que rigen todo el espacio
vendrá a darnos la luz y disiparnos el llanto
y entre constelaciones nos juntaremos del brazo
e iremos para el frente alineados como astros
sin que el Sol ansié los anillos de Saturno
sin que la Luna robe los colores de Mercurio
sin envidiar el resplandor ni los mares hermanos
iremos hacia el frente trenzados por las manos

sin salir de la órbita y caer descarrilados
a profundos hoyos negros y el amor quede olvidado.

Lo que buscaban ellos era desahuciar del cielo
todas las estrellas que alumbran el firmamento
ceñirlas en banderas sobre las tierras lejanas
y luego restregárnoslas toditas en la cara.

No han encontrado pista alguna del demonio
pero deambulan ciegos al cobrar ojo por ojo
diseminando espanto donde el miedo había muerto
multiplicando el odio, rifados al desconcierto
orquestando un réquiem con su bautizo de fuego
propagando las llamas hasta nuestro propio suelo
con bestias de rapiña acechando la fogata
tirando a la candela como leña nuestras almas.

Lo que buscaban ellos era desahuciar del cielo
todas las estrellas que alumbran el firmamento
ceñirlas en banderas sobre las tierras lejanas
y luego restregárnoslas toditas en la cara.

Salvémoslas toditas por la ruta cierta
antes que nos reviente el próximo cometa
incinere el estamento que ocupamos en la Tierra
congelándonos la historia y acabe con nuestra era.

Lo que buscaban ellos era desahuciar del cielo
todas las estrellas que alumbran el firmamento
ceñirlas en banderas sobre las tierras lejanas
y luego restregárnoslas toditas en la cara.

LUIS DÍAZ
TRANSLATED BY RAQUEL SALAS RIVERA

METEOR SHOWER

To the thieves dressed as prophets
from one hemisphere of Earth to the next
to clarify the vision of all who follow their offense
all who suffer each consequence
to the peoples that bleed through wounds undressed
and the warriors that lack hesitance
toward revolution, and not the barbarity of war,
let's advance.

They weren't seeking suicidal comets
that lost in the night with their fall lit
the vile cackles heard from temple to prepotence
and other beautiful smiles, faces full of innocence
in order to incite the stars to this unheard of action
they don't seek the Antichrist or Satan
they don't chase his trail across the immensity
to steal our souls, to gain some hell
reaching his bowels, ripping out the vile
sowing a cemetery wearing heaven's attire
no matter how apocalyptic the delirium seems
of Earth that tonight its withered children sees
the sun will rise again tomorrow
and no force will kill its brilliant shower
and alongside the galaxies that rule all of space
it'll come to give us light
disperse the tears from our face
and amidst constellations we will hook arms
and march forward lined up like stars
without the Sun desiring Saturn's rings
without the Moon stealing Mercury's colored bling
without envy for the splendor of all the sister seas

braided by our hands we'll march forward free
without leaving the orbit and falling off the tracks
into deep black holes where love is taken back.

What they wanted was to evict from the sky
all the stars that lit the firmament on high
gird them into flags above foreign lands
then rub into our faces their red and blue brand.

They've found no demon's sign
but wander blind charging eye for eye
disseminating shock where fear had died
multiplying hate, raffled to disorder
orchestrating a requiem with baptismal fire
propagating flames reaching our soil
with birds of prey crouched near the bonfire
throwing our log-souls til the flames climb higher.

What they wanted was to evict from the sky
all the stars that lit the firmament on high
gird them into flags above foreign lands
then rub into our faces their red and blue brand.

Let's save them all, leave no regrets
before we are hit by the next comet
before it burns the strata where our life is set
freezing history in an era time forgets.

What they wanted was to evict from the sky
all the stars that lit the firmament on high
gird them into flags above foreign lands
then rub into our faces their red and blue brand.

AL PASO CONTRARIO

Y un poco aceptar el ritmo lento
que ha tomado la vida,
darle a la tranquilidad objeto.
Moverse al paso contrario
del país que se arroja al descalabro,
detenerse;
no convertir los poros en ciénagas.
¿Puede un país en ruinas
ofrecer mas derrotas?
Su osamenta, a punto de caer
por su peso,
insiste amaneceres.
Insiste.
Insistimos.
Sembramos la noche,
morimos un poco el día.
No, esta no es la isla en peso,
es la isla del aire.
Y el aire arde púas.
Aquí nada se asienta.
Parece empozarse.
Este es el coloquio
de las perras
y a veces nos mordemos.
Ahí yace el cuerpo
recordándonos
lo indomable.
Es detenerse:
observar
el vacío del parque
sin gente.

Esto es retomar
la lentitud,
en el terrazo
quedan minas.

ABDIEL ECHEVARRIA
TRANSLATED BY CARINA DEL VALLE SCHORSKE

THE OTHER WAY

And to accept a little the slow rhythm
that life has taken, to give
purpose to the calm. To take
a step back from the country
that throws itself into disaster,
to pause. There's no need
to turn pores into swamps.
Does a country in ruins
have any more losses
to offer? This skeleton
is almost a pile of bones
and still insists on sunrises.
Insists. We insist.
We seed the night with stars,
we die a little each day.
No, this is not the island
measured by weight,
this is the island of air.
And the air's quills are burning.
Here nothing settles.
The country seems to form pools.
This is the dogs'
colloquium and sometimes
we bite ourselves.
There lies the body
we remember as
unbreakable.
We hold back to
observe the park
empty of people.
This is what it is

ABDIEL ECHEVARRIA
TRANSLATED BY CARINA DEL VALLE SCHORSKE

to reclaim slowness,
mines remain
in this terrain.

MARTÍN ESPADA

FLOWERS AND BULLETS

> *Cuba and Puerto Rico*
> *are two wings of the same bird:*
> *they receive flowers and bullets*
> *in the same heart.*
> *Lola Rodríguez de Tió*

Tattoo the Puerto Rican flag on my shoulder.
Stain the skin red, white and blue, not the colors
that snap over holiday parades or sag over the graves
of veterans in this country, but the colors of Cuba reversed:
a flag for the rebels in the hills of Puerto Rico, dreamt up
by Puerto Rican exiles in the Cuban Revolutionary Party,
bearded and bespectacled in the sleet of New York,
Wise Men lost on the way to Bethlehem. That
was 1895, the same year José Martí would die,
poet shot from a white horse in his first battle.

Tattoo the Puerto Rican flag on my shoulder,
so if I close my eyes forever in the cold
and the doctors cannot tell the cause of death,
you will know that I died like Jose Martí,
with flowers and bullets in my heart.

FLORES Y BALAS

Cuba y Puerto Rico son
de un pájaro las dos alas,
reciben flores o balas
en el mismo corazón.
Lola Rodríguez de Tió

Tatúame la bandera de Puerto Rico sobre el hombro.
Tíñeme la piel roja, blanca y azul, no los colores
que revientan en las paradas de feriados o se descascaran sobre las tumbas
de los veteranos de guerra de los Estados Unidos: los colores de Cuba al revés:
una bandera para los rebeldes en los cerros de Puerto Rico, soñados
por los exiliados puertorriqueños en el Partido Revolucionario de Cuba,
barbudos y de gafas en el aguanieve de Nueva York.
Magos extraviados camino a Belén. Eso
fue en 1895, el mismo año que murió José Martí,
poeta baleado sobre un caballo blanco en su primera batalla.

Tatúame la bandera de Puerto Rico sobre el hombro,
por si para siempre el frío me cierra los ojos
y los doctores no logran explicar la causa de la muerte:
tú sabrás que morí como José Martí,
flores y balas en el corazón.

RAIN

Rain,
It's strumming down
   the shingles
   as a celestial güiro.
We know this sound Jíbaro,
   this and the goat's toes
   and the splashing
     castanets.
Gitano,
   it sounds like the first
     day of exile.
It plucks as we did
those strings
   when we knew
   that the poets were
     disappeared
   forever.
Sephardito,
it's the same
   knock
heard for centuries
   back to the reason
   for Passover.

But,
It's a change from the snow
   of troikas
   and Cossacks,
It's a change
   from the winds
     that filled
       every sail

from Agamemnon
   to the Conquistadors
to underwing
of stukkas
to the whistling caverns,
   alleys
      and berms.
Sopranos to the bass
   of explosions.
Rain,
   was it ever in Eden?
Only in the Exodus
   the first exodus?
But it's a change
      from the arid
the aridity
that turns one
   to dance
even when
they can hear
    the hooves
   and rifles
leaving from cities back east
bound for them.

But it's also
   the humidity
   the home of mosquito
      and malaria
   and the weapon
   of those
      certain places
        where no
          conqueror won.

KENNING JP GARCÍA

Those swamps
    and jungles
  left to
    animal
    and aborigine–
Right Jíbaro?
    Hermanx under plantain leaves
    Beside yuca roots
      and cane.
Hermanx run off
  for survival–
  for freedom–
    for the homeland.
Hermanx who welcomed rain
  just as those
    on mountaintop
  prayed for landslides
    to stop the pursuers
And to make each of their footsteps
        unsure.
Rain,
  Gitano,
    it's never enough
      to extinguish
        those fires
  we made
  to eat
  to stay warm
    to signal our kin
Our family
  on Bedouin trail,
    in moccasins,
      in the rice paddy
Our clan who know

walls are worthless
and legacy
is a story
   which only grows
      stronger.
Sephardi,
   There's a language
      as rain
   which keeps coming
      to sink
Noah
   and his chosen animals.
It keeps coming
   for those without boats
to drown
those who do.
It's in the Highlands
   and in the notes
      passed cell to cell.
It's on the street corner
   and it's more song
      than the drums,
fife and strings.

And Moro,
   rain washes
      your blood
   through it all
so you can suffer
   same as you conquered.
Rain washes
   your script
      away,
   takes the faces

KENNING JP GARCÍA

off coins
but never turns copper skin
to green
Never makes the swarthy
and olive
welcome
but free,
at liberty
to let the rain
wash the grease
away,
the cooking oil,
the mechanic's fuel,
the lubricants
of guns,
the sweat
of wearing
the wrong color
collar,
Makes the hair
momentarily
straight
as those dashes
between the dots
used to surrender
and plead
for help
and also deceive.
Straight as fibers
crossing on the loom,
As arrows
and oars.
Rain, it erodes mortar and
takes foundation

from the houses
we wish to forget.
It's the ocean
      that's never angry
          with us.

KENNING JP GARCÍA
TRADUCIDO POR RICARDO MALDONADO

LLUVIA

Lluvia,
Rasgueando
   en las tejas
   como un güiro celestial.
Conocemos este son, Jíbaro,
   esto y la pezuñas de cabra
   y el toque
     de castañuelas.
Gitano,
   sonando como el primer
     día de exilio
Punteando como lo hicimos
con esas cuerdas
   cuando supimos
   que los poetas eran
     desaparecidos
   para siempre.
Sefardito,
es el mismo
   golpe
escuchado por siglos
   volviendo a la razón
   durante las Pascuas.

Pero,
Es un cambio de la nieve
   de las troikas
   y cosacos,
Es un cambio
   de vientos
     que llenó
       cada vela

KENNING JP GARCÍA
TRADUCIDO POR RICARDO MALDONADO

desde Agamenón
   hasta los conquistadores
bajo las alas
de stukkas
hasta cavernas silbando,
   paseos
     y bermas.
Sopranos en el bajo
   de explosiones.
Lluvia,
   ¿alguna vez fue el Edén?
Solo en el Éxodo
   el primer éxodo?
Pero un cambio
     desde lo árido
la aridez
que te pone
   a bailar
incluso cuando
ellos pueden escuchar
     los cascos
   y rifles
salir de las ciudades del este
de camino a ellos.

Pero también es
   la humedad
   el hogar de los mosquitos
     y malaria
   y el arma
   de aquellos
     ciertos lugares
       donde ningún
         Conquistador llegó a ganar.

KENNING JP GARCÍA
TRADUCIDO POR RICARDO MALDONADO

Esos pantanos
    y selvas
dejados
    al animal
    y aborigen--
¿Verdad, Jíbaro?
    Hermanx bajo hojas de plátano
    junto a raíces de yuca
      y caña
Hermanx se escapa
    para sorbrevivir-
    por la libertad-
      por la patria.
Hermanx que dio la bienvenida a la lluvia
    como esos
      en la cima de la montaña
    oraron por derrumbes
      para detener a los perseguidores
y para marcar cada uno de sus pasos
        inseguros.
La lluvia,
    Gitano,
      nunca es suficiente
        para extinguir
          esos incendios
    que nosotros hicimos
    para comer
    para mantenernos calientes
      para avisar a nuestros familiares
Nuestra familia
    en el sendero de los beduinos,
      con sus mocasines,
        en el arrozal
Nuestro clan que sabe

que los muros son inútiles
y el legado
es una historia
    que solo crece
      más fuerte.
Sefardí,
    Hay un lenguaje
      como lluvia
    que sigue viniendo
      para hundir
a Noah
    y sus animales elegidos.
Sigue viniendo
    para aquellos sin barcos
que ahogan
aquellos con barcos.
Se encuentra en las Tierras Altas
    y en las notas
      pasadas de celda a celda.
Se encuentra en la esquina de la calle
    y es más canción
    que los tambores,
el flautín y las cuerdas.

Y Moro,
    la lluvia lavando
      sobre tu sangre
    ¿a través de todo?
para que sufras
    como conquistaste.
La lluvia arrastra
    tu guión
      hacia lo lejos,
    borra las caras

de las monedas
pero nunca tiñe el cobre
verde
Nunca le da la bienvenida
al moreno
      y al de piel aceitunada
      ni lo deja
en libertad
   para que la lluvia
      remueva la grasa,
   el aceite de cocina,
      el combustible del mecánico,
         los lubricantes
            de armas,
   el sudor
      cuando te pones
            un collar
         del color equivocado,
Aliza el cabello
   momentáneamente
   como esos guiones
      entre puntos
usados al rendirse
   y al suplicar
      por ayuda
y también engañar.
Alisado como fibras
   cruzadas en el telar,
Como flechas
   y remos.
Lluvia, erosiona el mortero y
   se lleva las fundaciones
      de las casas
   que queremos olvidar.

KENNING JP GARCÍA
TRADUCIDO POR RICARDO MALDONADO

Es el océano
   que nunca se enoja
     con nosotros.

ADRIANA GARRIGA-LÓPEZ

"PUERTO RICO"

Puertoricosanjuanviequesponce
Riveradebtterritorylopezjenniferporn
Protophotoeconomiccrisistouristtaxobama
Restructuringsantiagooscarindependencetrump
Floridaricanscaribbeancongressdrowned
Creditorspensionrescueclintonfoundation
Commutedeconomyfamilyalaskanorthdakota
Lópezcelebratingrosselloheroinfish
Barackcocainebostonbombingoversightrubiorecovery
Bahamaslighthousefearoffreedomlawsuitswar
Campaignfloridacalifornianewyorknationalistbankruptcy
Democratictankamericanfreedomlauderdalewashington
Defaultedmirandaricardocarmenrepublicanholidayhaiti
Usvicruisemexicoamericanairlinesdonaldvaccineart
Mainlandunemploymentmichaeljordanairportpeñuelas
Laborlatinonativeamericansurfermoratoriummaria
Iraqwarsvirgindestinationdominicabarbudacavesclusterbomb
Donationcointelprogovernorclimatechangepromesa

ADRIANA GARRIGA-LÓPEZ
TRANSLATED BY RAQUEL SALAS RIVERA

"PUERTO RICO"

Puertoricosanjuanviequesponce
Riveradeudaterritoriolopezjenniferporno
Protofotocrisiseconómicaimpuestodeturistasobama
Reestructuraciónsantiagooscarindependenciatrump
Floridaricanscongresocaribeñoahogado
Pensióndeacreedoresrescatafundaciónclinton
Economíaconmutadafamiliaalaskadakotadelnorte
Lópezcelebrandorossellóheroínapescao
Cocaínabarackbombardeodebostonlajuntarubiorecuperación
Bahamasfaromiedoalalibertaddemandaguerra
Campañafloridacalifornianewyorkbancarrotanacionalista
Tanquedemocráticolibertadamericanalauderdalewashington
Pagonocumplidomirandaricardocarmenvacacionesrepublicanashaiti
Cruceroislasvirgenesaerolineamexicanaamericanaartevacunadonald
Desempleomasivomichaeljordanairpuertopeñuelas
Trabajolatinosurfersnativoamericanosmoratoriomaría
Guerraenirakvirginadelsurdestinoadominicabarbudacavernasbombasderacimo
Donativocointelprogobernadorcambioclimáticopromesa

ELISA GONZALEZ

FROM "CENSUS"

for Julio Gonzalez (1919-1998)

Then today, when I found you
in the 1940 census: Desyerbo / Finca de caña / Río Jueyes / Salinas.
I almost missed it, such small print—I forgot
to mention that after you died, I got glasses.

Year by year the census repeats Life, life.
¿Puede hablar inglés? it asked. (No.)
And who in what voice gave other answers to the number-taker?
De Color, he wrote—cross it out—then Blanco.

A death certificate talks of journeys.
Death Place: Lorain, Ohio.
The undertaker laid the shape of you
in the chapel on Pearl Avenue, in Sagrado Corazón.

Heart attack, your second
migration. And a turn in mine:
after you died, I lost Spanish.
Then today, when I forgot

silence. I told everything
as if I wouldn't steal old words
and hide them here, this poem where I'm sure
I fumble even my English lines.

ELISA GONZALEZ
TRADUCIDO POR KENNETH CUMBA

FROM "CENSUS"

for Julio Gonzalez (1919-1998)

Entonces hoy, cuando te encontré
en el censo de 1940: Desyerbo / Finca de caña / Río Jueyes / Salinas.
Casi me lo pierdo, con una letra tan pequeña—olvidé
mencionar que después de tu muerte, uso anteojos.

Año por año, el censo repite Vida, vida.
¿Puede hablar inglés? preguntaba. (No.)
¿Y quién en qué voz dio otras respuestas al tomador de números?
De Color, él escribió—lo tachó—y luego Blanco.

Un certificado de defunción habla de viajes.
Lugar de la Muerte: Lorain, Ohio.
El enterrador puso la forma de ti
en la capilla de Pearl Avenue, en Sagrado Corazón.

Paro cardíaco, tu segunda
migración. Y un turno en el mío:
después de tu muerte, perdí el español.
Entonces hoy, cuando olvidé

el silencio. Lo dije todo
casi como si no robara palabras viejas
y las escondiera aquí, este poema donde estoy seguro
balbuceo hasta mis líneas en inglés.

FAMILIA

a Alex Maldonado Lizardi

No quiero
que este poema
se convierta
en una alegoría.
Que cuando digo vaca
es una vaca.
Si digo playa
se sala el agua.
Si digo hogar
me abrazas
me das comida
y me dejas llorar
toda la tarde.

CINDY JIMÉNEZ VERA
TRANSLATED BY CARINA DEL VALLE SCHORSKE

FAMILY

for Alex Maldonado Lizardi

I don't want
this poem
to become
an allegory. Look,
when I say cow
it's a cow.
When I say beach,
water streams salt.
If I say home,
you hold me
you give me food
and you let me cry
all afternoon.

GEGMAN LEE

PUENTES Y CASAS

1.

Mi cuerpo ha de ser
el camino del brebaje que he bebido
y ahora
mis párpados, son nada más
que la evidencia de la fuga de otros cuerpos
que han postrado su visita
en los vestigios de las sombras.
Ahora el gris hace su reino
dentro de mis ojos.
En tus ojos, también veo mi rostro
grabado como fotografías
simulando un anacronismo que aún
no se ha de comprender,
como tampoco las puertas de mis párpados.
Bienvenida a tiempos que fuera de tu rostro
se han quedado doliendo en los niños.
La terrible escisión que partió mi cuerpo
sin dejar de conservar unos cristales
incrustados en las venas
que ahora son la inmediatez
del aviso de la herida en la belleza.

2.

Ya el borde hizo su casa
en las raíces de los muertos de mi nuca.
Qué cercano y perfecto se ha vuelto
ese resquicio que no aprendí a pisar
por la seguridad de caminar siempre
sobre el contorno precioso de esa espalda

que supura de mi lengua su olor
y hoy le sacio,
para buscarle solución
a la firmeza extraña de tus ojos.
Busco cambiarme el cuello,
cambiarme la boca, los brazos,
y qué sé yo,
a ver si al menos me saco
aquellos mapas
que cuestiono cómo se volvieron
parte de mi cuerpo.
Busco soluciones,
hago lo que dicen mis amigos;
veo televisión,
los llamo,
me masturbo,
busco distraerme pero tengo
una cinta que brinca
en la imagen estática
que usurpa el desgaste,
y uno aquí pensando amar
hasta guayar el disco,
hasta alcanzar una rendición inevitable
como cuando llega el sueño.
Que pasen los días a ver
si perdemos un poquito de memoria,
(pa protegerse uno)
y no seguir recreando el dicho
de que el pasado siempre fue mejor.
Hoy quiero hablar
como si las pérdidas fueran simples:
darnos la mano,
abrazarnos,
y quedarme con tu tacto un rato

por esto de hacerme
clara en las manos la despedida.
Supongo que luego
ya no tendré casas en los bordes.
Ésta ya está hecha;
aún le falta caer.

3.

Por momentos me enjuago las pestañas
sin razón alguna, pese el creer poder ser menos ciego
y no verme de espaldas a los colores nuevos
que arropan las ventanas de un nuevo día.
Hoy, cuando ya no tengo las hora
cuento las cucharadas de la cena
que ha de ser la puerta al hambre por costumbre,
pero el agua aún no ha faltado para beber.
Ante tantos despertares fragmentados
se devuelve el ciclo que corresponde al día
sin más medida que aquella inmediatez
que ciega la vista a lo que no hemos hecho.
Mas siempre hay un aviso que coarta
el momento de ver más allá de los domingos
alguna potestad retrasada
que pueda ayudar a reconocer la miseria.

4.

Tengo un par de alas de lluvia
que escampan cada vez que sale el sol
y un ímpetu cansado
que se ha convertido en mi par en andanza.
Tengo una escisión en cada ojo
que convierte todo lo que miro
en dos partes;

ya yo no recuerdo los enteros.
Al fin y al cabo
soy a quien le ha renunciado el padre
otro más que lo sangró el amigo
a quien las 24 horas
se le presentan en deseos de lo inalcanzable.
El que se ha pintado la cara mil veces
por eso de serse el camaleón
o mejor, el payaso insigne.
Aquella tómbola gris
que no ha parado de dar vueltas
ya ha hecho su trabajo
de poner por perdido el resultado de la apuesta.
Y aunque duela
se puede ser silueta habiendo sido estatua;
todos tenemos derecho a la caída.

5.

Inútil buscar rastro inmutable
que silbe en los espacios sin sonido
alguna canción de un andar que muere
de forma inevitable al marcharse la visita.
Nadie ha preguntado cuánto ha de andado
o en cuántos días resume las palabras
que se han dicho en su presencia
presagiando algún cambio de vestido.
Habrá días de caminar aceras
siguiendo otra vez la misma ruta
por más que se pierdan las razones
y se interpongan los márgenes tan fríos
como un abrazo dado por escrito.

GEGMAN LEE
TRANSLATED BY RAQUEL SALAS RIVERA & FÉLIZ MELÉNDEZ

BRIDGES AND HOUSES

1.

My body will be
the path of the potion I drank
and now
my eyelids, are nothing more
than evidence of the flight of other bodies,
which have prostrated their visit
in the vestiges of the shadows.
Now the grey makes its kingdom
inside of my eyes.
In your eyes, I also see my face
impressed like photographs
simulating an anachronism that's still
as incomprehensible
as the doors of my eyelids.
Welcome to times that outside your face
have stayed painful in children.
The terrible rift that cracked my body
still keeps pieces of glass
embedded in veins,
which are now the immediacy
of the warning of beauty's wound.

2.

The edge built its house
amidst the roots of the dead on my nape.
How close and perfect has become
the crevice which I didn't learn to trample
because of the assuredness of always walking
on the precious contours of that back,

which discharges its smell from my tongue
and today I satiate it,
to find a solution
for the strange soundness of your eyes.
I strive to change my neck,
change my mouth, the arms,
and, I don't know,
see if I at least expunge
those maps;
I question how they became
part of this body.
I cast about for solutions,
do what my friends tell me,
watch television,
call them,
masturbate,
try to distract myself but I have
a ribbon that leaps
in the static image
that usurps the wear and tear,
and here one wants to love
until you scratch the record,
until you reach an inevitable defeat
like sleep's arrival.
May the days pass let's see
if we lose a bit of memory,
(to protect oneself)
and not keep recreating that saying
that the past was always better.
Today I want to speak
as if losses were simple:
hold hands,
embrace,
and stay with your touch a while

so as to make myself
clear of the farewell hands.
I suppose later
I won't have houses on the edges.
This one is already built;
it just has to fall.

3.

At times I soak my eyelashes
for no reason, despite believing I'll be less blind
and not giving my back to new colors
that cover the new day's windows.
Today, whenever I lose the exact time
I count dinner's teaspoons,
which, out of habit, will become hunger's door,
but we still have enough water.
Faced with so many fragmentary awakenings
the cycle that corresponds to day is sent back
without further action than the immediacy
that blinds the view of what we haven't done.
But there is always a warning that cuts off
the moment to see beyond Sundays
some belated power
that could help us recognize misery.

4.

I have a pair of rain wings
that let up every time the sun comes out
and a tired momentum
that has become my partner in fate.
I have a scission in each eye
that turns everything I see
into two;

I no longer remember wholes.
In the end
I am he whose father resigned
Just another, bled by the friend
for whom 24 hours
appear in the form of unattainable desires.
He who has painted his face a thousand times
just to be a chameleon
or better, the distinguished clown.
That grey raffle wheel
that hasn't stopped spinning
has already done its job
of giving the bet up for lost.
And even if it hurts
you can be a silhouette having been a statue;
we all have the right to fall.

5.

It's useless to seek an immutable trace
that whistles in the soundless spaces
some song of a walk that inevitably
dies when the visitors leave.
No one has asked how much he's walked
or how many days summarize the words
said in his presence
foretelling some change of costume.
There will be days of treading pavements
following the same route all over
no matter how many times reasons are lost
and the margins interpose
so cold, like a written embrace.

YARA LICEAGA

TODO SE VA

Para decir adiós, solo tengo que decirlo
José Feliciano y Vicky Carr

Mara regresaba
cuando nos fuimos filtrando hacia la boca del gotero
el desparrame al cual caer
salíamos con los ojos recorriendo el asombro
y nos costaba ponernos de pie
haciéndonos la sombra
haciendo de cuerpo el reflejo del otro
lindas formas de animal agrietado
donde anclarse a pensar que la estrategia sería
agrisar el café para normalizar un poco el color de los días
que la estrategia seria
es un baño de sol
en tu compañía
dejo al viento enredarme el camino
con el brazo en la ladera de cuero de la puerta
y me pregunto cómo se despide uno
cómo decir adiós, vida mía,
a la caricia picante del trayecto
de este diálogo azul e íntimo con el horizonte
que está troceado y me ofreces
como el desayuno que sale de tus manos a la mañana siguiente
una que reconoce que la nutrición viene empacada en la ternura
o en aquella parte en donde el mundo reconoce la palabra nuca
y yo no hacerme la pendeja
porque ese es el lugar de la certidumbre
escondido el aroma en esa zona en donde la liviandad se asienta y
sonríe

Y este calor lo que hace es que se me escurran las maneras
de pegar una palabra a otra
este calor me hace desdecir
así que
paladeo la distancia
con una mueca de que voy a llorar de ola en ola
en marejada
junto los párpados para que me entiendas mejor
y hago como el acto del Chamán
que desaparece a la inversa
me destrenzo por dentro
abro la quijada y el sudor
agua y palabra se desprenden y se compactan
sonoridad de almendra sobre el pavimento
noto que hablo tranquilamente del futuro
como forrado de cristales de azúcar pero tu sabes que es sólo hielo
multiforme
y te conmueve
así que sacas la mano para despedirte
y yo desenfundo el cariño para dejarte pegado
en todas las memorias de la palabra solaz
que se sueltan por dentro
recuerdos emplumados que observan el mundo
posaditos en la cablería del querer
tendido ecléctico por donde viaja lo que le da luz a nuestro andar
como en el vídeo de Michael Jackson
por eso hundo la mano hasta tocar el botón de entumecer
endurecer la trama hasta que pese lo suficiente para abandonarla
en el exacto lugar de difícil regreso
acceso controlado por los signos
del hartazgo que son las migajas con las que se construyen
figuritas de pan que reflejan los hologramas del hambre
para no desfallecer
un pobre deseo como único alimento
ilusión óptica que rasgan los días en su temperamento

YARA LICEAGA

Ya te vas me pregunta el país como si lo escribiera para que no le note
la entonación
y pueda seguir como ahora,
de pie
sonora
materia
intento pues quedarme con todo
practico calladas despedidas que ninguno advierte
me voy destroyer contra la tarde
a fragmentarme
me dejan en cantitos los colores de la topografía celeste
deshaciéndome sin que nadie lo note
para unirme más adelante recogiendo la calidez del momento
la energía que se desprende de los objetos que nos circundan
de nosotros mientras conversamos
del tiempo de este espacio de tierra
que amamos hasta el adiós
decir adiós yo digo
en los poemas en ciudad
decir adiós, vida mía,
no basta con decirlo
como el amor
hay que hacerlo
entonces tú recoges cada fragmento a distancia
y aseguras sobre el aire con la voz
aquellos versos de Mara que dicen:
Aquí
te cuerpo

YARA LICEAGA
TRANSLATED BY RAQUEL SALAS RIVERA

EVERYTHING LEAVES

To say goodbye, I just have to say it
José Feliciano and Vicky Carr

Mara was returning
when we started filtering toward the dropper tip
spilling so that when we fell
we landed with eyes roaming shock
and we struggled to stand up
making shadow
bodying the other's reflection
sculpting pretty shapes of cracked creature
anchoring in the thought that the right strategy would be
to greyify the coffee to somewhat normalize the daily color
that a thoughtful strategy
is a sunbath
in your company
I let the wind tangle my path
with my arm on the door's leather slope
and I ask myself how does one say farewell
how does one do goodbye, my love,
to the burning caress of the journey
that belongs to this blue and intimate dialogue with the horizon
which you offer chopped up
like a breakfast coming out of your hands the next morning
a goodbye which acknowledges nourishment is packed up in tenderness
or that place where the world recognizes the word nuca
and I don't want to play the fool
I leave that to certainty
the scent hidden in the zone where levity settles and smiles

YARA LICEAGA
TRANSLATED BY RAQUEL SALAS RIVERA

And this heat makes my ways runny
from sticking words together
this heat makes me unsay
so I
relish the distance
with a grimace like I'm going to cry from wave to wave
in the swell
I close my eyelids to help you understand me
and like the Shaman's act
that inversely disappears
I unbraid within
opening my jaw and my sweat
water and word are unhinged and compacted
the sounds of almonds hit the pavement
I notice I speak calmly about how the future
is lined with sugar crystals but you know it's only multiform ice
and it moves you
so you take out your hand to say goodbye
and I unsheathe tenderness to leave you slack-jawed
and stuck in all the memories belonging to the word solaz
these are let loose within
feathered memories that observe the world
perched and prim on love's wire
eclectic clothesline crossed by that which lights up our steps
like we're in Michael Jackson's video
that's why I press my hand down so deep I push my numbing button
so it hardens the plot until it weighs enough that we can leave it behind
in that exact spot of unlikely return
locked out by those signs
of satiety those crumbs with which one builds
bread figurines reflecting hunger's holograms
trying not to collapse
having a poor desire as our sole aliment
an optical illusion that claws at the day's temperament

Are you leaving already my country asks as if it were disguising its
intonation in the writing
so I can keep on going
stay standing
sonorous
material
I try then to keep everything
I practice unperceived silent departures
I go all destroyer against the evening
until I'm fragmented
the colors of the celestial topography leave me in pieces
falling apart unseen
to rebuild myself later gathering the moment's warmth
the energy generated by surrounding objects
by ourselves as we talk
about time on this breadth of earth
that we love until we reach goodbye
to say goodbye I explain
in the city poems
to say goodbye, my love,
it's not enough to say it
like love
you have to make it
then you pick up every fragment from afar
and with your voice you pin Mara's verses
to the air saying:
Here
I body you

CLARITZA MALDONADO

HEX POEM TO COLONIZERS, RECOLONIZERS, AND HATERS

i hope you feel the sting of
platano poppin' oil

i hope when you try to jump back,
one drop jumps a second quicker onto your hand

and i hope when you bite into it, thinking the sting was worth it,
you realize you didn't let the platano ripen enough
and it ain't even that sweet

just like you.

This was previously published in The Wanderer Poetry *and* Brooklyn Rail's InTranslation.

CLARITZA MALDONADO
TRADUCIDO POR URAYOÁN NOEL

POEMALDICIÓN A LOS COLONIZADORES, RECOLONIZADORES Y CRITICONES

ojalá que sientas la quemazón del
plátano en aceite burbujeante

ojalá que cuando intentes saltar para atrás
una gota salte un segundo más rápido y te caiga en la mano

y ojalá que cuando lo muerdas, pensando que la quemazón valió la pena,
te des cuenta de que al plátano le faltaba madurar
y que tiene muy poco de dulce

igual que tú.

RICARDO MALDONADO

I GIVE YOU MY HEART

I find myself on my feet with fifteen leaves.

Everything carries its own light on the walls.

I woke up being hit. The afternoon,
suffocating as the death of cows. My heart
was opened between cemeteries of moon.

The parasites. The drizzle. The mud crowning
the undergrowth with immense sadness.

I knew death when I dressed
in my uniform.

I found the index of solitude: my country in its legal
jargon, its piety, its fiction—

Yes. It loves me, really.

I give my blood as the blood of all fish.

OS DOY MI CORAZÓN

Me encuentro de pie con quince hojas.

Brilla todo en los muros.

Desperté al ser golpeado. La tarde,
asfixiante como la muerte de vacas. Mi corazón
lo abrían entre cementerios de luna.

Los parásitos. La llovizna. El lodo coronando
la maleza con mustios grandes.

Supe de la muerte al vestir
de uniforme.

Encontré el índice de soledad: mi país en su jerga
legal, su piedad, su ficción—

Sí. Me quiere, de verdad.

Doy mi sangre como la sangre de todos los peces.

BLACKOUT

Tonight, after the blackout on Mami's native
island, there is no sleep on my side of American
country. Instead, there is Mami's *isla del encanto*, smeared
across my black eyes, there is the wail of *coquí* lungs,
the yellow writhe of *yuca* snapped in half, the wet crack
of palmtrunk kicked across La Perla by history-old wind,
the toss of green-glow'd bay in Fajardo, the raise of graffit'd brick,
the empty stages of El Bori, where *mi prima y yo*
danced to *buleadores* pounding drumskin
pa'la playa, pa' la calle, for unshackled spirits.

Tonight, I think about my mother's island,
heavy with the weight of mainland,
which shares the colors of the Boricua flag,
the red-blue-white
we are so proud to ink on our breasts,
to stitch on our stomachs,
because we make these colors
fit our brown skin right.

I think about Mayagüez on Memorial Day,
empty, save for a joint that played Coldplay and
Hector. Mayagüez, where Cristobal's statue stood
in the Plaza, his shoulders high and smug, hands
outstretched like faux Cristo, the lady slaves
and Tainas, these *estatuas* behind him, limply clutching
torches, staring away.

I think about when I dipped feet in purple Ponce water,
the happy *vendedor* who threaded a bracelet made of
coral, conch, and twine on my wrist,

tight enough so it wouldn't come off.
I think of the *viejito* who kissed both of my cheeks last June
and said: *No existe un corazón americano. Tienes sangre esclava,
taína, blanca.* In the States and here,
you are Boricua.

Tonight, my Mami calls me from her American city,
says she is thinking of our island, and wonders
with tiny tongue, what is left,
where are our people.

We ask each other these questions,
and do not have answers.
We whisper in lighted rooms in American cities,
as if the ghosts of our family-gods
can hear our fear.
A week later, we talk loudly of pain, of the *pueblo*
ravaged, my mother's birthplace. We talk with family
from her town, about political slapbacks,
our friends who cannot access food
or life-basics. We talk all day to our family, and turn
on the TV to see a line in front of the
blue-white-red lights of a Ponce Walmart.
We think of who is hurt, where are our *gente*,
what has not been done.

But, tonight, in a Boricua blackout,
I wonder who is running
past dark shores
on my mother's island?
I wonder what *jíbaro* is stamping across *campo* alone?
Who is dancing *bomba* in white dress?

We know somebody is dancing.
We know some countryman is climbing along.

We wonder who is dying.

We know
somebody,
on our island,
is
dying.

JENNIFER MARITZA MCCAULEY
TRADUCIDO POR KENNETH CUMBA

APAGÓN

Esta noche, después del apagón en la isla
natal de Mami, no hay descanso en mi lado del suelo
americano. En cambio está la isla del encanto de Mami, embadurnada
en mis ojos ojerosos, está el lamento del coquí en los pulmones,
el retortijón amarillo de la yuca quebrada a la mitad, la grieta mojada
de palmera pateada alrededor de La Perla por un viento milenario,
el sorteo fosforescente en la bahía de Fajardo, el alza de ladrillos grafiteados,
las tarimas vacías de El Bori, donde mi prima y yo
bailamos los buleadores repiqueteando el cuero,
pa'la playa, pa'la calle, para espíritus desatados.

Esta noche, pienso en la isla de mi madre,
pesada con la carga del continente,
que comparte los colores de la bandera Boricua,
el rojo-azul-blanco
que tan orgullosos nos tatuamos en los pechos,
para cosernos el estómago,
porque hicimos que estos colores
se ajustaran correctos a nuestra piel morena,

Pienso en Mayagüez en *Memorial Day*,
vacío, salvo por un chincorro que tocaba a Coldplay y
a Ismael. Mayagüez, donde la estatua de Cirstobal se erigió
en la Plaza, sus hombros altos y petulantes, la manos
extendidas como *faux Cristo*, las damas esclavas
y las taínas, estas estatuas detrás suyo, sujetando
antorchas, molestas mirando a lo lejos.

Pienso en cuando sumergí los pies en el agua violeta de Ponce,
el vendedor alegre que hiló un brazalete
hecho de corales, de conchas y cordeles en mi muñeca,

JENNIFER MARITZA MCCAULEY
TRADUCIDO POR KENNETH CUMBA

lo suficientemente apretado como para que no se soltara.
Pienso en el viejito que besó ambas de mis mejillas el pasado junio
y dijo: *"No existe un corazón americano. Tienes sangre esclava,
taína, blanca. En los States o aquí,
tú eres Boricua.*

Esta noche, mi Mami me llama desde su ciudad americana,
dice que está pensando en nuestra isla, y se pregunta
con lengua corta, qué queda,
dónde estará nuestra gente.

Nos hacemos estas preguntas la una a la otra,
y no tenemos respuestas.
Nos susurramos en cuartos iluminados de ciudades americanas,
como si los fantasmas de nuestros dioses familiares
pudieran escuchar nuestro miedo.

Una semana después, hablamos ruidosamente del dolor, de el *pueblo*
arrasado, del lugar de nacimiento de mi madre, hablamos con familia
de su pueblo, sobre bofetadas políticas,
nuestros amigos sin acceso a comida
o a necesidades básicas. Hablamos todo el día con nuestra familia, y prendemos
la TV para ver una fila frente a las luces
azules-blancas-negras de un Walmart de Ponce.
Pensamos en los que están heridos, *where are our gente,*
en lo que no ha sido hecho.

Pero, esta noche, en un apagón Boricua,
me pregunto quién está corriendo
tras las oscuras orillas
en la isla de mi madre.

Me pregunto qué jíbaro está estampando a través del campo solo.
¿Quién está bailando bomba en traje blanco?

JENNIFER MARITZA MCCAULEY
TRADUCIDO POR KENNETH CUMBA

Sabemos que alguien está bailando.
Sabemos que un compatriota quiere montarse.

Nos preguntamos quién está muriendo.

Tememos que
alguien,
en nuestra isla,
se muere.

ERICA MENA

THE PROBLEM OF INFINITIES

First it is the plural, the problem of infinities: They can't all be ignored.

They look into the darkness and watch the start of one, but from a measurable distance.

Or they start to perceive it, an infinity of dark already entangling their sight.

Or the infinite extension of stars, absorbed eventually into the dark.

The space between bodies is always filled and infinite.

Imagino las estrellas in a dark and shattered night—each one an invisible island—repetition in the dark.

The first of the winds to name itself in an "extinct and poorly attested" language—estrellada.

Imagine leeward, in relation to the winds; the words stretch into winds on the last inhabited lands.

Imagine the first people in the path of the future.

It takes the light, it takes the water, it takes the air; I've broken into silence.

This long month of darkness, extending toward infinity.

"I give you my heart," and its empty light, but you can't make anything of it anymore.

It is only a vessel for rising, five hundred years of forgetting, for breaking in waves.

Or the silence of a million frogs, days, eyes, watching from the dark.

Where everyone is a citizen of heartbreak, of silence, y of todo que lo podemos imaginar.

Of falling, of border, of borrowed, of borrado; Of gritando, of an atlas of winds.

Citizens of endless emergency: "What do we inherit, and how do we carry it?"

We are always looking for ourselves, calling our own name.

In the tongues of the first colonizers, or the tongues of the second ones, where they slip into our blood.

Citizens of tiny exclusions, of phosphorescence, of how everything is always crumbling.

"Extinct and poorly attested" from an article on the language of the Taíno people. "I give you my heart" from the poem of that title by Ricardo Maldonado. "What do we inherit, and how do we carry it?" from a performance by Peggy Robles at Thinking its Presence 2017, Tuscon, AZ.

ERICA MENA
TRADUCIDO POR RICARDO MALDONADO

EL PROBLEMA CON LO INFINITO

Primero es su plural, el problema con lo infinito: no todxs pueden ser ignoradxs.

Miran hacia la oscuridad y encuentran su principio, pero desde una distancia mensurable.

O empiezan a percibirla, la infinidad en lo oscuro ya enredada en su vista.

O la extensión infinita de las estrellas, eventualmente absorta en la oscuridad.

El espacio entre cuerpos es siempre ocupado, siempre infinito.

Imagino las estrellas una noche oscura y estallada—cada una, una isla invisible—repetición a oscuras.

El primer viento en llamarse en una lengua "extincta y mal atestiguada"—estrellada.

Imaginando al sotavento, en relación al viento; sus palabras extendidas por el viento sobre las últimas tierras en ser habitadas.

Imagina los primeros habitantes encaminadxs hacia el futuro.

Conlleva luz, conlleva agua, conlleva aire; me he roto en silencio.

Un mes largo a oscuras, que se extiende hacia lo infinito.

"Te doy mi corazón," y su luz vacía, pero no puedes hacer nada más con él.

Es solo un recipiente para lavarnos, quinientos años de olvido, para el rompimiento de olas.

O el silencio de millones de ranas, días, ojos, viendo en la oscuridad.

Donde todos son ciudadanos del desamor, del silencio, y de todo lo que podemos imaginar.

De caída, de bordes, de lo prestado, de lo borrado; de estar gritando, de un atlas de viento.

Ciudadanos de una emergencia interminable: "¿Qué heredamos y cómo lo cargamos?"

Siempre nos cuidamos uno al otro, llamándonos con nuestros nombres propios.

En la lengua de los primeros colonizadores, o en la de los segundos, donde se desatan en nuestra sangre.

Ciudadanos de pequeñas exclusiones, de fosforescencia, de cómo siempre todo se nos desmorona.

"extincta y mal atestiguada" de un artículo sobre el idioma de los taínos. "Te doy mi corazón" de un poema de Ricardo Maldonado. "¿Qué heredamos, y cómo lo cargamos?" de un poema de Peggy Robles en Thinking its Presence 2017, Tuscon, AZ.

LARA MIMOSA MONTES

A PAIN THAT IS NOT PRIVATE

There is a time and place in the world for abstraction. When my
mother left Puerto Rico for the first time, the year was 1968. Against
my unknowing. We hesitate to say what intimacy is and whether or
not we have it. I keep trying / to teach my students that / stream-
of-consciousness is / this, not that / THIS / activity fails. We know
it does because each of us leaves the room / feeling like barbed
wire—snarling behind the barricade (because) at some point, we
stopped feeling (like language could say). So we went without while
some others embraced. Notice (after the emptiness) : a pain that is
not private. In other words, focus not on the object, but rather, the
light that bounces off of that object. Perforated. Estranged. Esa luz.
Tómatela. Under that light° I felt my body try / to hold on (to the
knot inside) your right hand; when did it become a fist? Remind me
what it is again / what it is that you wish / to share (with others) >>
when you're on stage…

°That light, this pain (what never translates).

*This poem was originally published in Poem-a-Day on February 13, 2018, by the Academy of
American Poets.*

LARA MIMOSA MONTES
TRADUCIDO POR NICOLE CECILIA DELGADO

UN DOLOR QUE NO ES PRIVADO

Existe un tiempo-espacio en el mundo para la abstracción. Era el año 1968 cuando mi madre se fue de Puerto Rico por primera vez. En contra de mi desconocimiento. Dudamos decir qué es la intimidad y si la tenemos o no la tenemos. Yo sigo intentando / enseñar a mis estudiantes que / el fluir de la consciencia es / esto, no aquello / THIS / actividad fracasa. Sabemos que fracasa porque cada unx de nosotrxs abandona el salón / sintiéndose como alambre de púas — rugiendo detrás de la barricada (porque) en algún punto, hemos dejado de sentir (como si el lenguaje pudiera decirlo). Así que no la tuvimos mientras otrxs se abrazaban. Aviso (después del vacío) : un dolor que no es privado. En otras palabras, no enfocarse en el objeto, si no en la luz que rebota de ese objeto. Perforada. Estrangulada. That light. Drink from it. Bajo esa luz° sentí el intento de mi cuerpo / de agarrarse (al nudo dentro) de tu mano derecha; ¿cuándo se convirtió en un puño? Recuérdame de nuevo lo que es / lo que deseas / compartir (con otrxs) >> cuando estás en escena...

°Esa luz, este dolor (lo intraducible).

ijla kontinente   aksilaj i kueroj   kueroj i aksilaj   anunsioj de deteljente
fantajmaj mochileroj   ke peldieron suj mochilaj   dokumentando suj
biajej   pol la amérika nuejtra   komo selajej de otra   ijkielda siniejtra
ke suplanta y sekuejtra   a la anteriol   i otro gobielno en flol   se malchita
i otro potro de derecha kabesea i se enkabrita   asumiendo la mueka
maltrecha   de laj masaj de ejtrasa   i ai filaj en todoj loj beltederoj
bajo el sol de la mañana   i ya se siente ke ban dejpeltando   i de kuando
en kuando   se abre una bentana   i ej ke akí todo sana   lentamente

FONETIKANTO

áilan' kóntinen'   pit an' jaid   jaid an' pit   ditéryen' komérchols
bákpaker gousts   ju lost dear bákpaks   dókumentin' dear bóyech
akrós aur amérika   laik kláudskeips of anódel   lef'-bijáind lef'
dat suplants an jáiyaks   de príbius wan   an' anódel góbelnmen'
in blum   wíders awei   an' anódel ráitwing koult chímis and
cheiks   wéring de báterd grímes   of de braun-péiper máses   an'
dear ar lon' lains in ol de dómpin' graunds   óndel de mólnin'
son   an' wan kan fil dem awéikenin'   an' ébri wans in a wail
a wíndou óupens   an' so yu si ébrisin biguins to jíal   ibéntuali

CAPÍTULO 1: EL AÑO 2028

Despierta, *Alice*, dice Alfred, y le acaricia la cara delicadamente para que despierte.

No, déjala que se duerma si quiere, interviene Trilcinea, protegiendo a su amiga, defensora insobornable, amoroso cancerbero de los sueños de Alice Mar.

Un ángel mecánico se eleva en la noche y observa. Y ve unos cuantos hombres que caminan la oscuridad, ve un vacío que parece inacabable, que se extiende a los cuatro puntos cardinales: tierras barbechas, verjas desatendidas y riachuelos nuevos, bosques espontáneos y llanos de yerba, todas las enredaderas concebibles dejando atrás las pocas hogueras y hornos que tejen de luz la noche de vez en cuando, que luchan precarios contra el monte, surcos superficiales en los que algunos implementos de madera apenas rascan la tierra árida; desde la altura se puede ver, en medio de estos lares agricultores, campos gigantes vaciados, campos desertados por un año, dos años, tres años, a veces más, para que la tierra recupere su fertilidad de modo natural; chozas de bloque, madera, zinc y paneles solares, agrupadas en aldeas rodeadas de alambre de púa y jardines; a veces, adentro de la palizada, se puede ver un batey con cocinas de leña a los lados; aldeas dispersas entre pueblos en ruinas, retomados por el verde, centros comerciales reutilizados como fortalezas o desiertos, el esqueleto de los edificios de compañías americanas que abandonaron la isla tan pronto se precarizó el comercio, calles en ruina, iglesias que tienen más de doscientos años y que ahora albergan a quien las encuentre; en las plazas de los pueblos, vacías por décadas, ahora encontramos herreros, carpinteros, costureros, artesanos y sin ellos no habría pueblo; caminitos que no acaban, montañas y valles de soledad y ruinas, hasta llegar al área metropolitana, única área con luz eléctrica, sobrepoblada, con luces que pestañean, que parecen echarle guiños a la oscuridad que arropa las afueras; en los suburbios metropolitanos se pueden ver una docena de familias ricas escondidas en murallas defendidas con armas, todo un pueblo amurallado y militarizado para mantener al resto de la población afuera; y luego la ciudad caótica, desbordada, acompañada y acompasada por los apagones constantes, ritmo y recordatorio de que ese mundo de petróleo terminará, la tos de un organismo avejentado que sobrevive apenas con una respiración artificial.

El ángel mecánico es un *drone* y observa desde su altura a Puerto Rico en el año 2028.

CHAPTER 1: THE YEAR 2028

Wake up, *Alice*, says Alfred. He caresses her face gently to wake her.

No, let her sleep if she wants, says Trilcinea—defender of the insubordinate, loving Cerberus of Alice Mar's dreams.

A mechanical angel rises in the night and watches. It sees a handful of men walk the darkness, an endless void that touches all four directions, fallow land, abandoned gates and new streams, spontaneous forests and grasslands, every conceivable vine all but swallowing the few bonfires and cook stoves that knit the night from light – clearings that, here and there, wage a losing battle against the forest, superficial cracks where wooden tools have barely scratched the arid soil; from the sky you can see these gaping, vacant pastures deserted for one year, two years, three years, sometimes more, so that the soil recovers its natural fertility – huts made of cinderblock, wood, and tin with solar panels grouped in villages surrounded by barbed wire and gardens; sometimes, inside the enclosure, you can see an outbuilding with a campfire kitchen on the side; villages dispersed in between entire towns in ruins, returned to the foliage, business districts repurposed as fortresses or deserts, the skeletons of the edifices of American companies that abandoned the island as soon as commerce went to shit, streets in ruin, churches at the center of town—churches more than 200 years old that now serve as shelter; in the plazas, empty for decades, now there are blacksmiths, carpenters, dressmakers, and artisans; endless trails; mountains and valleys of loneliness and ruin, until you get to the city, the only place with electricity, overpopulated, with lights that wink from the darkness, that cloak the outskirts; in the suburbs it watches a dozen rich families hidden behind guarded walls, a whole militarized town sealed off from the rest of the population; and beyond: the urban chaos overflowing, accompanied and measured by constant blackouts, rhythm and reminders that

LUIS OTHONIEL
TRANSLATED BY NOEL BLACK

this world of petroleum will end, the cough of an organism old before its time barely surviving on a respirator.

The mechanical angel is a drone. And it watches from the skies above Puerto Rico in the year 2028.

SINIESTRA

Subo escaleras,
quemo una casa,
decido volar,
hablo una lengua que no hablamos,
caen pencas,
troncos eléctricos,
se está en una ciudad muda,
la mudez es sabia,
la voz nos hace animales,
el animal se ahoga en el agua,
en todos, el mar
alguna vez tsunami.

MARA PASTOR
TRANSLATED BY CARINA DEL VALLE SCHORSKE

SINISTER

I climb the stairs,
I burn down the house,
I decide to fly,
I speak an unspeakable
language, palm leaves
snap, electric trunks
fall in a mute city,
the muteness is wise,
the voice makes us
animals, the animal
drowns in the water,
in all of us, the sea is
sometimes tsunami.

IT STARTS WITH[1]

a hush
a howl
a hiss in the
darkness there's no grabbing onto
tomorrow might have been blown away
turned projectile   a broken windshield
a shattered window   drowned
in a whirlpool   of mud

it starts with a drip
a patter of molecules
a downpour of cold cutting fury
a steady seeping through   your
duct-taped roof
duct-taped walls
duct-taped hands   praying
that roaring body doesn't burst out of its bed

it starts with
a rumble
a shuffle of dirt
an epilepsy of earth
an avalanche of sticks and soil
breaking through your window
down your
throat   forced landscape
a flesh-pot of rotting life

---

1. *After hurricane María's passing through Puerto Rico, September 19, 2017*

ANA PORTNOY

it starts with
a two-week notice
a diagram of spiraling tie-dye
and ends
with your home   wooden splinters
                      a door knob
in the palm of your hand

ANA PORTNOY
TRADUCIDO POR RICARDO MALDONADO

COMIENZA CON[1]

un silencio
un aullido
un silbido en la
oscuridad no hay de que agarrarse
el mañana pudo haber   volado
convertido en proyectil un parabrisas roto
una ventana destrozada   ahogada
en remolino   de barro

comienza con un goteo
un tamborileo de moléculas
un aguacero de furia cortando el frío
una filtración constante a través del duct-tape en tus
ventanas
en el techo
en las paredes
en tus manos   rezando
que aquel cuerpo rugiente no reviente de su cama

comienza con
un retumbe
una revuelta de lodo
una epilepsia de tierra
una avalancha de palos y fango
atravesando tu ventana
adentro de tu
garganta   un paisaje forzado
un tiesto de carne viva, pudriéndose

---

1. *Luego del paso del huracán María por Puerto Rico, 19 de septiembre 2017*

ANA PORTNOY
TRADUCIDO POR RICARDO MALDONADO

comienza con
un aviso de dos semanas
un diagrama de tie-dye en espiral
y termina
con tu hogar   hecho astillas
                      un pomo
en la palma de tu mano

LA ÚLTIMA LUZ DE HITOMI

"But the finding isn't just a surprising oasis of calm in a turbulent galaxy. It also gives us insight into just what role black holes play in how galaxies do—or don't—form."

http://gizmodo.com/this-is-the-last-thing-japans-lost-black-hole-satellite-1783200724

Acercándose al vecindario dónde perdería
control de la sintaxis que le gobernaba,
Hitomi giró para el asombro
de quienes recogerían el abecedario en piezas.

Miró al estómago lejano de un torbellino.
Arrojó razón al oscuro despedir de agujeros
que deciden el tamaño de sus vecindarios.

Hitomi desprendido articulaba los límites
de la expansión de los cuerpos,
el suyo y los que la distancia aliena.

En el límite dónde nombrar esclarece
espera fábula sin verdad
que llamando a su nómina
despedaza.

RUBÉN RAMOS COLÓN
TRANSLATED BY RAQUEL SALAS RIVERA

HITOMI'S LAST LIGHT

"But the finding isn't just a surprising oasis of calm in a turbulent galaxy. It also gives us insight into just what role black holes play in how galaxies do—or don't—form."

http://gizmodo.com/this-is-the-last-thing-japans-lost-black-hole-satellite-1783200724

Reaching the neighborhood where he would lose
control of the syntax that ruled his course,
Hitomi spun to the surprise
of those who would later gather the shattered alphabet.

He stared at the whirlpool's distant stomach.
Tossed reason into the dark farewell of holes
that choose how large their neighborhoods will grow.

Broken away, Hitomi articulated the limits
of the expansion of bodies
his and those whom distance alienates.

At the limit where naming clarifies
awaits the truthless fable
that called to its roster
shreds.

I SEEK REFUGE IN YOUR IMAGINARIES—

Para Cayo Aurora

I seek refuge in your imaginaries—
leafed mirrors
branched edges
in between
longing-light
absences
duplications
within,
I bow to sudden emptiness—
oceanic translation
rooted displacements,
beyond this
unknown subjunctive
I invoke wake—
shelled abjection
sandy recalls.

I reached—
unfolding, I keep reaching

Inside
this heavy, buried
/aftermath/
  I carry

KATERINA RAMOS-JORDÁN
TRANSLATED BY SHEY RIVERA RÍOS

BUSCO REFUGIO EN TUS IMAGINARIOS—

Para Cayo Aurora

Busco refugio en tus imaginarios—
espejos hojeados
esquinas ramificadas
entre medio
del añoro-leve
ausencias
duplicaciones
desde adentro,
me doblego ante el vacío repentino—
traducción oceánica
desplazamientos enraizados,
más allá del
desconocido subjuntivo
invoco el despertar—
abyección caracolada
retiradas arenosas.
Yo alcanzé—
desdoblada, sigo alcanzando
Dentro
de este pesado,
/renadío/
enterrado
que llevo.

DE SIETE A CINCO,

rigen sobre la sombra de nuestra piel
con esa Ley,
manto acogedor de Plaza las Américas,
niño malcriado del imperio.

De siete a cinco,
comemos galletas export soda
para el hambre del machete, del carimbo, de la deuda.

Ley de la incertidumbre
cuando los ricos
miran su plasma nuevo
con planta eléctrica.

Y la señora de pelo blanco
grita contra la fila insatisfecha
sobre el horario del manicure y su siesta.

Esos diez perpetuos cambios,
esos incivilizados perros
que nos mastican la canina convicción
de algún día,
alguna pieza de metal,
alguna cerveza
nos hará felices en la ruina,
en el cuarto pequeño en que la mariposa negra
nos hace confesiones
para que aguantemos
las siete a cinco,
las dos a tres,
las cero a una
sobra la mancha deseada
de este duelo.

YOLANDA RIVERA CASTILLO
TRANSLATED BY RAQUEL SALAS RIVERA

FROM SEVEN TO FIVE,

they rule over our skin's shadow
with that Law,
embracing mantel that is Plaza las Américas,
empire's spoiled brat.

From seven to five,
we eat export soda crackers
for the hunger of the machete, the skin's brand, the debt.

Law of uncertainty
when the rich stare
into their new plasma screen
using a power plant.

And the white-haired woman
screams against the unsatisfied waiting line
about the manicurist's hours of operation and her siesta.

Those ten perpetual changes,
those uncivilized dogs
that chew the canine conviction
of some day,
some chunk of metal,
some beer
will make us happy in the ruin,
in the small room where the black moth
confesses things
so we may withstand
from seven to five,
from two to three,
from zero to one
what is left over is the desired stain
of this grief.

JÍBARA BRUJA

Soy bruja
witch that perches on avocado trees
with *talones de gallina de palo.*

Talons of an iguana slowly climbing branches to get a taste of
our fruit.

Talons of a rooster trained to fight to defend my honor.
I am most comfortable under the rainstorms that make the montes
sweat and birth streams.

I can see that you have

eyes of *el guaraguao* (the hawk) as it soars with its kind over mountains,
ears of *el mucaro* (the owl) listening to the rustle of palm trees.

The skirts of the island have been lifted
and a leather belt has licked her skin, left trails of red, blue, black
to replace our flag.
This is a funeral.

With all its intricate ornaments and multicolored blossoms,
it is still
a funeral.

My *jíbara* spirit is a magnetic field
cradled in the plantain breasts of the forest.

I can only but follow its call.
It sounds like thunder and rides the back of wild horses.
        Yes, we've got wild horses.

SHEY RIVERA RÍOS

Tell me,
where are you from?

Did you get here on purpose?

Where are you headed?

What are your dreams made of?
Mine taste like rain.

JÍBARA BRUJA

I am a witch
bruja que se encarama en los árboles de aguacate
con *talons of an iguana*

Talones de gallina de palo que suben las ramas lentamente para
      saborear nuestro fruto

Talones de gallo de pelea entrenado para defender mi honor
Yo estoy más aclimatada bajo el diluvio que hace que los montes suden
      y paran riachuelos

Puedo ver que tienes

ojos de *the hawk* mientras se cierne con los suyos sobre las montañas
orejas de *the owl* escuchando el susurro de las palmas

Las faldas de la isla han sido desveladas
y una correa de cuero ha lambido su piel, dejó estelas de rojo, azul, negro
para remplazar nuestra bandera
Esto es un funeral.

Con todas las decoraciones complejas y las germinaciones multicolores,
esto aún es
un funeral.

Mi espíritu de jíbara es un campo magnético
acunándose en los bustos de platanales en el bosque.

Yo solo puedo seguir su llamada.
que suena a truenos y monta la espalda de caballos salvajes
    Sí, nosotros tenemos caballos salvajes

SHEY RIVERA RÍOS
TRANSLATED BY KATERINA RAMOS-JORDÁN

Dime,
De dónde eres?

Llegaste aquí a propósito?

Hacia dónde te diriges?

De qué están hechos tus sueños?
Los míos saben a lluvia.

CUIR DE EXTRAÑO

Extraño
para la doña del tren,
para tu mamá,
tu papá,
tu abuela,
tu ex,
tú,
un extraño para ti,
solo para ti.

Un día decidí tragarme la duda,
respirar profundo,
abrazarme
un poco
o un mucho.

El mundo está hecho para ser cuir,
pa' uno mirar su reflejo,
decidir quién vas a ser hoy.
No nací mujer.
Nunca lo fuí,
andando sin camisa en la casa,
escuchando regaños,
pechos pre-pubertos
negándose a crecer.

No hay miedo en sobresalir,
en ser.
No hay miedo en querer ser una pluma más en una boa,
Rosada.

PÓ RODIL

Odiando mi nombre,
queriendo orinar de pie,
queriendo los tacones más altos que me pudiera poner.

Qué alternativa:
LA VIDA
////Queer////
alternativa a extrañar
////queer////

La alternativa:
asumir una identidad
extra.
Bien extra.

Otra vez, en el reflejo
voy a preguntarme, "¿Quién soy?"
o mejor:
"¿Qué soy?"

Una cosa
e x t r a ñ o,
gigante,
llamando la atención.
¿Qué soy?
¿Qué soy?
¿Qué soy?

Nada.
"SOY NADA.
NO PEDÍ ESTE CUERPO.
NO LO QUIERO."
Miro al reflejo.

Salir.
Hay que salir.
Una identidad tengo que asumir,
un nombre muerto.
Eso.
Solo soy un nombre muerto,
las tripas desilusionadas,
revolcadas
se revuelcan.
No entienden que no les toca ser.
No les toca la tranquilidad.

No.

No.

Me niego.
Me niego a vivir así,
a tener que rogar respeto,
a tener que salir,
a ser alguien que no soy.

Quiero llenarme de escarcha,
llenarme de amor,
llenarme de querer ser yo,
llenarme de hacer,
ser cuir,
no un extraño.

PÓ RODIL
TRANSLATED BY RAQUEL SALAS RIVERA

QUEER AS IN STRANGE

Strange
for the old lady on the train,
for your mamá,
your papá,
your abuela,
your ex,
you,
a stranger to you,
only to you.

One day I decided to swallow doubt,
breathe deeply,
hug myself
a little
or a lot.

The world is made for queerness,
to look at one's reflection,
to decide who you are going to be today.
I wasn't born a woman.
I was never a woman,
roaming the house shirtless,
receiving scoldings,
with prepubescent breasts
that refused to grow.

There is no fear in standing out,
in being.
There is no fear in wanting to be another feather in the pink
boa.

Hating my name,
wanting to piss while standing,
wanting the highest heels.

What an alternative:
LIFE
///Queer///
alternative to missing the estranged
///queer///
The alternative:
to assume an identity
that is extra.
So extra.

Once again, in the reflection
I'm going to ask myself, "Who am I?"
or better yet:
"What am I?"

A huge,
shiny,
s t r a n g e
thing.
What am I?
What am I?
What am I?

Nothing.
"I AM NOTHING.
I DIDN'T ASK FOR THIS BODY.
I DON'T WANT IT."
I look into my reflection.

Go out.

PÓ RODIL
TRANSLATED BY RAQUEL SALAS RIVERA

You have to go out.
I have to assume an identity,
a dead name.
That.
I am only a dead name,
the disillusioned guts,
tousled,
are tousling.
They don't understand that they can't exist.
They don't get peace.

No.

No.

I refuse.
I refuse to live like this,
to have to beg for respect
to have to go out,
to be someone I am not.

I want to fill myself with glitter,
fill myself with love,
fill myself with wanting to be myself,
fill myself with doing,
with being queer,
not a stranger.

UN PATATÚ[1]

marco la devolución del gen
líneas de polvo de arcilla protegen mis fosas
marco la devaluación del gen
no tengo nuevas mariposas hoy, no importan
marco la devolución del gen
no han vuelto mis fibras adiposas
la grasa de las capitales que abruma la capa media

hambre que rima cuchillo con cuchillo
marco la devaluación del gen
las estirpes gastadas de tanto guayarse pa' la olla
marco la devolución del gen
marco la devaluación del gen
y a pesar de ello
hoy soy una gallina
un antiguo reptil
inmenso y espaciado

---

1. de *Remedios crónicos para enfermedades caseras*

GADDIEL FRANCISCO RUIZ RIVERA
TRANSLATED BY RAQUEL SALAS RIVERA

A PATATÚ[1]

I mark the devolution of the gene
lines of clay powder protect my nostrils
I mark the devaluation of the gene
I don't have new butterflies today, they don't matter
I mark the devolution of the gene
my adipose fibers haven't returned
the fat of the capitals that crush the middle layer

hunger that rhymes knife with knife
I mark the devaluation of the gene
the wasted lineages of so much self-scraping for the saucepan
I mark the devolution of the gene
I mark the devaluation of the gene
and despite this
I am a chicken
an ancient reptile
immense and spaced

---

1. de *Remedios crónicos para enfermedades caseras* [*Chronic Remedies for Homemade Ailments*]. *A patatú can be a fit of sickness, or a just a tantrum. There is also a pun on pata tú, which roughly translates as you the dyke.*

"NO SE CAMBIA UNA CHAQUETA POR UNA CHAQUETA"

tomemos dos mercancías, por ejemplo,
50 años de trabajo y una deuda
acumulada por 50 años.

como propietaria de la primera
decides llevarla al caribe hilton bancario
donde *daría mi vida por pagar esta deuda.*

pero te explican que *no da*

así como la deuda y los 50 años de trabajo son *valores de uso cualitativamente diferentes*, son *cualitativamente diferentes* los trabajos por medio de los cuales llegan a existir: el del inversionista y el del colonizado. tu vida no es suficiente. tendrás que pagarla con el trabajo de tus hijos y los hijos de tus hijos.

digamos que les dices *nunca tuve*
porque nunca quise que heredaran mi deuda
aquellos que apenas saben distinguir
entre coquito y leche.

pero te explican que, aunque no tengas linaje,
la heredarán tus vecinas, el perro que saquea tu basura,
doña sophia con su rosario luminoso,
tu abuela que apenas sale a la farmacia,
angelía que aún espera tu libro,
luis que finalmente tiene empleo pero con deuda todavía,
y el tipo que te asaltó por diez pesos.

RAQUEL SALAS RIVERA

imagínate
que vuelves con tus vecinos,
con tu abuela,
con el perro que a veces rebusca la basura,
con angelía, con luis, y dices
he aquí mis herederos.
¿aceptarás nuestro pago?
¿darás por finalizada nuestra deuda?
¿borrarás nuestros nombres del sistema?

pero te dicen
te faltan los ríos
el río guajataca, el río camuy,
                      el río cibuco, el río bayamón,
               el río puerto nuevo, el río grande de loíza,
                      el río herrera,   el río mameyes,
                      el río sabana,   el río fajardo,
                      el río daguao,   el río santiago,
                      el río blanco,   el río humacao,
               el río seco, el río maunabo,
        etc. etc. etc.

ellos serán tus herederos.

esta vez decides adelantarte.
recorres todo puerto rico como un espectro.
agarras puñales de lo que sea:
sombrillas de gasolinera, piedra caliza,
actas de nacimiento, tiendas quebradas,
etc. etc. etc.

vuelves al banco con tu isla tan densamente ingerida
que toses semáforos y entierros y dices
he aquí todo lo que cabe
entre el mar caribe y el atlántico norte.

he aquí: mi imaginario.

pero te dicen
debes la nada.
tu cuenta tiene un balance negativo.
a cambio de esta deuda sólo aceptamos chaquetas,
pero esto sí que no lo tienes
porque casi nunca hace frío
en puerto rico.

digamos que vas hasta filadelfia
a buscar las chaquetas que necesitan
las abuelas, las angelías, el río maunabo, etc.
trabajas duro, buscas una licencia con dirección renovada,
compras tres cuatro, quinientas chaquetas,
vas a la sucursal local y dices
aquí las tengo.
quisiera pagar aquella deuda.
pero sin mirar te contestan
aquí en fili no aceptamos chaquetas.

supongamos que en la caja de pasteles
le envías las chaquetas a tu madre
con una notita que lee
pago: deuda de puerto rico,
y mami (tras decodificar tu letra) carga
la caja hasta la sucursal del banco popular, el caribe hilton bancario o
el loquesea bank,
donde la miran mal y le indican
—antes de que pueda decir palabra alguna—
para entregar chaquetas, utilice la fila número tres.

imagínate que es una fila larga, larguísima, casi interminable,
una fila de 50 años.

RAQUEL SALAS RIVERA

"COATS ARE NOT EXCHANGED FOR COATS"

let us take two commodities such as
50 years of work and one debt
accumulated over 50 years.

as proprietor of the first
you decide to take it to caribe hilton banking
where *i offer my life to pay this debt.*

but they explain that *it's not enough*

just as the debt and the fifty years of work have use values that are
qualitatively different, so are the two forms of labor that produce them:
that of the investor and that of the colonized. your life is not enough.
you will have to pay with the labor of your children and your chil-
dren's children.

let's say you tell them *i never had any because*
i never wanted to make heirs of those who
barely know the difference
between milk and coquito.

but they explain that even if you don't have a lineage
your neighbors, the dog that plunders your trash,
doña sophia with her luminous rosary,
your abuela that barely leaves the house to go to the pharmacy,
angelía that still awaits your book,
luis that finally has a job but still has debts to pay,
that guy who mugged you for ten bucks
will inherit.

imagine
that you come back with your neighbors,
with your abuela, with the dog
that sometimes searches your trash,
with angelía, with luis, and say
here are my heirs.
do you accept our payment?
will you terminate our debt?
will you erase our names from the system?

but they say
where are the rivers?
el río guajataca, el río camuy,

                  el río cibuco, el río bayamón,
             el río puerto nuevo, el río grande de loíza,
                  el río herrera,   el río mameyes,
                  el río sabana,   el río fajardo,
                  el río daguao,   el río santiago,
                  el río blanco,   el río humacao,
       el río seco, el río maunabo,
  etc. etc. etc.

they will be your heirs.

this time you decide to get ahead.
like a specter you haunt all of puerto rico.
you grab handfuls of whatever:
gasoline station umbrellas, limestone,
birth certificates, shutdown shops,
etc. etc. etc...

you go back to the bank with your island so densely ingested
that you cough up burials and streetlights and say
here i have all that fits

RAQUEL SALAS RIVERA

between the caribbean sea and the north atlantic.
here i have: my imaginary.

but they say
you owe nothingness,
your account has a negative balance.
in exchange for this debt we only accept coats,
but this you definitely don't have
because it's almost never cold
in puerto rico.

let's say you go to philadelphia
to look for the coats much needed
by the abuelas, the angelías, the río maunabo, etc.
you work hard, look for a license with a renewed address,
buy three four five hundred coats,
go to the local branch and say
here they are.
i would like to pay that debt.
but without looking up they answer
here in philly we don't accept coats.

let's suppose that in the pasteles box
you send the coats to your mother
with a note that reads
payment: puerto rican debt,
and mami (after decoding your handwriting) carries
the box to the local branch of the banco popular, caribe hilton bank-
ing or loquesea bank, where they give her a look and
—before she can say a word—indicate
to turn in coats, use line number three.

imagine that it is a long, longer, almost interminable line,
a line that spans 50 years.

LITANY AGAINST FEAR

I must not fear
El miedo que tengo es del mundo y del espíritu—
acto primitivo, sentimental, débil.
Para ser humano: mata lo que temes.

Fear is the mind-killer
El miedo es el matador de la mente. Priva
de comida el alma, se desmiente los sentidos,
los latidos del corazón se cesan del terror.

Fear is the Little death that brings total obliteration
El destino de los temerosos es total negación
muerte por cortas: mil y uno
heridas de clavos de hierro negro
rayos mortales de terror. La muerte,
poco a poco… el pulso se cesa
y la vida se disipa, y viene la Parca.

I will face my fear
Debo enfrentar lo que temo y romper
su poder sobre mí. Debo dejarlo
en el vacío de los vencidos. Para cesar y entenderlo.
Debo mirarlo. Debo confrontarlo.

I will permit it to pass over me and through me
De veras, en su estado salvaje, no tiene
el miedo ni permanencia ni masa sino lo que el cerebro
permite. Como las olas que inunda el bañista,
permito a pasar el miedo sobre mi ser
sin tocar el cuerpo, sin tocar el alma.
Doy permiso al miedo y rezo.

SPENSER SANTOS

And when it has gone past I will turn the inner eye to see its path
Cuando pasa el miedo, el camino se revela
y ando la senda de oro en serenidad;
se quema con la fuerza de la cola de una cometa.
Ha pasado, sobreviví, y la vida después del miedo
comienza en la estela en que termina la previa.

Where the fear has gone there will be nothing
Así como trae negación total, el miedo
continúa; se va al vacuo y desaparece.
De nada viene; vuelve a la misma.
Se queda la memoria. Se queda nada.

Only I will remain
Yo me quedo, la única cosa
En el gran vacío, el guía de ausencia.
El terror no obtiene, no sostiene el miedo,
Fracasa el horror. El reto de ser
completamente en paz consigo
con olvido, con el horizonte de sucesos, con la inexistencia
yo solo, solo…nada.

SPENSER SANTOS
TRANSLATED BY KELSI VANADA

LETANÍA CONTRA EL MIEDO

No conoceré el miedo
My fear is of the world and of the spirit—
a primitive motion, sentimental, weak.
To be human: kill whatever you fear.

El miedo mata la mente
Fear is the mind-killer. It deprives
the soul of food, denies the senses,
heartbeats cease in their terror.

El miedo es la pequeña muerte que conduce a la destrucción total
Destiny for the fearful is total negation
death by piercings: a thousand and one
wounds from black iron nails
mortal lines of terror. Death,
little by little…the pulse ceases
and life is spent, the Grim Reaper comes.

Afrontaré mi miedo
I must face what I fear and break
its power over me. I must send it
to the void of the vanquished. Cease and understand it.
I must see into it. I must confront it.

Permitiré que pase sobre mí y a través de mí
In truth, in its wild state, fear has no
permanence nor mass but only what the brain
permits. Like waves inundating a swimmer,
I permit fear to pass over my being
not touching my body, not touching my soul.
I give the fear permission and I pray.

SPENSER SANTOS
TRANSLATED BY KELSI VANADA

Y cuando haya pasado, giraré mi ojo interior para escrutar su camino
When the fear has passed, the way is revealed
and I walk the Golden Path in serenity;
it burns with the force of a comet's tail.
It has passed over, I'm alive, and life after fear
begins in the wake of what ended before.

Allá donde haya pasado el miedo ya no habrá nada
Just as it brought total negation, the fear
continues; it enters the void and disappears.
It comes from nothing; it returns to the same.
The memory remains. Nothing remains.

Sólo estaré yo
But I remain, the only thing
in the great void, the guide for absence.
Terror does not obtain, nor sustain fear,
horror fails. The challenge of being
completely at peace with myself
with forgetting, with the event horizon, with inexistence
I alone, alone…nothing.

HYSTERICAL STRENGTH

When I hear news of a hitchhiker
struck by lightning yet living,
or a child lifting a two-ton sedan
to free his father pinned underneath,
or a camper fighting off a grizzly
with her bare hands until someone,
a hunter perhaps, can shoot it dead,
my thoughts turn to black people—
the hysterical strength we must
possess to survive our very existence,
which I fear many believe is, and
treat as, itself a freak occurrence.

NICOLE SEALEY
TRADUCIDO POR MARA PASTOR

FORTALEZA HISTÉRICA

Cuando oigo noticias de un mochilero
al que le cae un rayo, pero sobrevive,
o del niño cargando un sedán de dos toneladas
para salvar a su padre atrapado debajo,
o de un campista peleando contra un oso
solo con sus manos hasta que alguien,
tal vez un cazador, le dispara y lo mata,
pienso en la gente negra—
la fortaleza histérica que debemos
poseer para sobrevivir nuestra existencia
que me temo muchos creen es, y
tratan como, otro suceso insólito.

PROMESA (HR 4900)

Song to ward off venture capitalists.

The tinto shipped
from our ancestors in Galicia
    flirts unabashedly with giggling hens
on the veranda. Tio Frank
        is praying to his pipe, the smoke
            cradles his bajo sexto
as he croons, conjuring the flota

        that dislocated us from the last
century. Junior rocks the ricochet
    like a sorcerer of Brownian
motion. He is a garrison perched
        across the ping pong table
            like an eight limbed
colossus. In the kitchen, cards

        are slapped like sinvergüenzas
round after round in an endless
    game of Texas Hold 'Em that holds
the cousins hostage. The winner
        is never the sucker
            with the ace, the winner
is he who talks shit with Fidel's

        fuerza bruta, an eight hour
fusillade of slick digs and relentless
    boasts. Beside them abuelita
plays Zatoichi with the lechon
        asado, ropa vieja is swallowed

VINCENT TORO

                    by vagrant cangrejo
            and bored nieces running

                on fumes from chasing
    the dog around the chicken coops.
            This party was supposed to evanesce
    long before sun up, but the coquito
                is still spilling, the tias
                        still stalking the counter-
    rhythms of the timbale like Bolivar

    across the Andes. The road
    at the end of the driveway is shrapnel,
            the privatized water too steep
    for our pockets, but we got tariffs
                on this tanned euphoria
                    so no vulture
            funds can raid and strip

                the assets from our
    digames, our *'chachos*, our
            oyes, our *claros*, our
    'manos, our *oites*, our *carajos*,
                our *negritos*, our *vayas*,
    our *benditos*,
            our *pa' que tu lo sepas!*

PROMESA (HR 4900)

Canto para protegerse de los capitalistas de riesgo.

El tinto que enviaron
nuestros ancestros en Galicia
    coquetea descarado con gallinas que se ríen nerviosas
en el balcón. Tío Frank
    le está orando a su pipa, el humo
      arropa a su bajo sexto
    mientras canturrea, conjurando a la flota

    que nos dislocó del siglo
pasado. Junior le mete al rebote
    como un mago del movimiento
browniano. Él es un centinela velando
    la mesa de ping-pong
      como un coloso con
ocho brazos. En la cocina, las barajas

    son golpeadas como sinvergüenzas
ronda tras ronda en un eterno
    juego de Texas Hold 'Em que mantiene
a los primos secuestrados. El ganador
    nunca es el pendejo
      con el as, el ganador
es el que habla mierda con la fuerza bruta

    de Fidel, ocho horas
descargando indirectas mañosas y alardes
    sin fin. A su lado abuelita
hace de Zatoichi con el lechón
    asado, la ropa vieja se la tragan

VINCENT TORO
TRANSLATED BY URAYOÁN NOEL

cangrejos vagabundos
y sobrinas aburridas corriendo hasta morir

de cansancio de tanto perseguir
al perro por los gallineros.
Se supone que esta fiesta se disipara
mucho antes del amanecer, pero el coquito
sigue fluyendo, las tías
siguen acechando los contra-
ritmos del timbal como Bolívar

cruzando los Andes. La carretera
al final de la entrada es metralla,
el agua privatizada demasiado cara
para nuestros bolsillos, pero le hemos puesto tarifas
a esta euforia bronceada
para que ningún fondo
buitre nos ataque y nos arranque

los valores de nuestros
dígames, nuestros *'chachos*, nuestros
oyes, nuestros *claros*, nuestros
'manos, nuestros *oítes*, nuestros *carajos*,
nuestros *negritos*, nuestros *vayas*,
nuestros *benditos*,
nuestros *pa' que tu lo sepas!*

LOS CERROS DEL PATIO QUEDARON VACÍOS.

Los cerros del patio quedaron vacíos.
Solo el vuelo circular de las palomas
delata las tres casas
que existieron hasta ayer.
Cada mañana esas palomas
llegaban a buscar su arroz podrido
su melcocha de maíz y pan mojado.
Esa era su felicidad
según lo definió
alguna vez desde el balcón
mi asco.
Hoy no hay más que planchas de aluminio
esparcidas por toda la ladera
tarugos de madera, ventanas
tornillos
ramas de aquellos almendros
que aquí se alzaron intocables
ropa, abejas
y frutos menores
a los que Dios
si él fue este huracán
no les dejó madurar.
Supongo que también
las palomas tendrán que regresar
al principio.

XAVIER VALCÁRCEL
TRANSLATED BY CARINA DEL VALLE SCHORSKE

THE HILLS AROUND THE PATIO ARE EMPTY.

The hills around the patio are empty.
The circling pigeons are all that's left
where three houses stood til yesterday.
Each morning those pigeons came
for old rice, corn puffs, and wet bread.
This was their happiness, at least
as my nausea named it, from my perch
on the porch. Now there's nothing
but aluminum siding scattered
on the hillside, screws and wood
billets, windows, broken branches
of those almond trees that seemed
untouchable, rags, bumblebees,
and small green fruits that God—
if He was this hurricane—never let
ripen. I guess even the pigeons
will have to go back
to the beginning.

DESDE AFUERA/NORTH

Sigo tomando con pinzas cada verso que escribo.
Aún sin descifrar mi existencia,
aún sin respirar,
aún sin poder moverme de la esquina designada como mi nuevo hogar.

Es que aun no logro descifrar el tiempo
y el movimiento de mis pechos,
o tus dedos en mi pelo,
y tu aliento consumiendo mi soledad.

Sola sigo sin rumbo fijo.
Finita e indefinida,
con la sangre constantemente ahogando mis sollozos.
Pero sigo aquí.

NATALIA VILLARÁN
TRANSLATED BY RAQUEL SALAS RIVERA

FROM THE OUTSIDE/NORTH

With tweezers, I keep picking up each verse I write.
I still haven't deciphered my existence,
I'm still breathless,
I'm still motionless in the corner that has become my new home.

That's because I still haven't deciphered time
and the movement of my breasts,
and your fingers running through my hair,
and your breath consuming my solitude.

Alone and directionless.
Finite and indefinite,
with my blood constantly drowning out my sobs.
But I'm still here.

CONTRIBUTORS

Raquel Albarrán (Santurce, 1983) is a poet, scholar, and teacher who resides in Vermont since 2018. Crisscrossing the four corners of the US, she previously lived in Philadelphia, PA; Seattle, WA; and Tallahassee, FL. In the latter city she curated 621 Gallery's Literary Salon, a monthly event that showcased the literary production of local writers. She is the author of the poetry chapbook *Intimidad de los extraños* (2010), published with Atarraya Cartonera, and is currently at work on a monograph titled *Colonial Assemblages: Race, Materiality, and the Invention of the New World.*

Yolanda Arroyo Pizzaro is the author of Origami de letras and Los documentados, winner of the PEN Club Prize in 2006, among others. She contributes to *Claridad, La Expresión, El Nuevo Día,* and *El Vocero.*

Paola Capó-García Pis the author of *CLAP FOR ME THAT'S NOT ME* (Rescue Press, 2018). She is the co-founder/editor of *littletell* alongside Maria Flaccavento. She currently lives in San Diego with her partner and their puppy and teaches 12th grade English.

Paola Capó-García es la autora de *CLAP FOR ME THAT'S NOT ME* (Rescue Press, 2018). Es la co-fundadora/editora de *littletell* junto a Maria Flaccavento. Actualmente vive en San Diego con su pareja y su perro y es maestra de inglés de high school.

Andrés Cerpa is the author of *Bicycle in a Ransacked City: An Elegy* and *The Vault* from Alice James Books

Loretta Collins Klobah is a professor of Caribbean Literature and creative writing at the University of Puerto Rico. She lives in San Juan. Her poetry collection *The Twelve-Foot Neon Woman* (Leeds: Peepal Tree Press, 2011) received the 2012 OCM Bocas Prize in Caribbean

Literature in the category of poetry and was short listed for the 2012 Felix Dennis Prize for Best First Collection in the Forward poetry prizes. Her poems have appeared in *The New Yorker, Best American Poetry 2016, BIM, Caribbean Beat Magazine, The Caribbean Writer, The Caribbean Review of Books, Live Encounters, Poui: The Cave Hill Literary Annual, Susumba's Book Bag, Moko: Caribbean Arts and Letters, Woman-Speak, TriQuarterly Review, Quarterly West, Black Warrior Review, The Missouri Review, The Antioch Review, Cimarron Review, A Congeries of Poetry, Simple Past, Smartish Pace, Vox Populi, Ekphrastic Review,* and *Poet Lore.* Her recent collection *Ricantations* (Peepal Tree, 2018) was a Summer Recommendation by the Poetry Society of Britain.

Andrew E. Colarusso is the author of *The Sovereign* (Dalkey Archive, 2017) y *Creance* (Northwestern University Press, 2019).

Kenneth Cumba won the University of Puerto Rico's Department of Humanities Poetry Contest and the Guajana Prize. Selections from his unpublished manuscript, *The Urgency of Fruit,* have been published in online and print journals from Puerto Rico, México, Bolivia, Argentina and California.

Joey De Jesus is the author of *NOCT: The Threshold of Madness* (The Atlas Review, 2019) and *HOAX* (The Operating System, 2020). Joey is a recipient of the 2017 NYFA/NYSCA Fellowship in Poetry and co-edits poetry at *Apogee Journal.* Poems have appeared in *Barrow Street, Brooklyn Magazine, The Brooklyn Rail, The Literary Review, RHINO, The Academy of American Poets' Poem-A-Day, Southern Humanities Review,* and elsewhere in print and online. Poem-objects have been installed in Artists Space and the New Museum.

Carina del Valle Schorske is a Puerto Rican poet & writer, editor and translator. She is the recipient of poetry fellowships from CantoMundo, the MacDowell Colony and Bread Loaf. She has written for *The New York Times Magazine, The New Yorker online,* and *Gulf Coast.*

Nicole Cecilia Delgado is the author of over twenty books of poetry including *Apenas un cántaro*. She runs La Impresora, a non-profit art, cultural workshop and poetry studio specialized in Risograph printing and small-scale editorial work.

Jose Ernesto Delgado Hernández; padre por vocación y poeta por hermoso accidente de la vida, nace en Rio Piedras, Puerto Rico el 21 de abril de 1981 y criado en Caguas Puerto Rico. Sus libros son: *Bajo la sombra de las palabras* (2011, Casa de los poetas) *Tatuajes: del amor a la piel* (2013, Casa de los poetas), *La Brújula de los pájaros* (2016, La Casa Editora de Puerto Rico), *A vuelo de pájaro* {Breve Antología} (2016, La Impresora), *1.9.2.3* (2019, Calíope Editoras), *Mi nombre es Rajuma: una historia Rohingya* (2019, Editorial EDP).

Luis Diaz is a Puerto Rican poet.

Abdiel Echevarría Cabán. Writer and attorney (Puerto Rico, 1986). Echevarría studied Comparative Literature and Law at the University of Puerto Rico. His writing reflects on inequality and Caribbean gender and sexuality issues. His work includes: *Estoicismo profanado* (PEN Club honorary mention 2008), *El imperio de los pájaros* (2011) and *Mantras* (published in the Serie Literatura Hoy of the Institute of Puerto Rican Culture, 2015). Part of his work is featured in the anthology: *Los prosaicos dioses de hoy: poetas puertorriqueños de lo que va de siglo* (2014). He has collaborated with the magazines *Cruce, 80 Grados, The Wanderer* and the weekly periodical *Claridad*.

Martín Espada has published almost twenty books as a poet, editor, essayist and translator. His many honors include the 2018 Ruth Lilly Poetry Prize, the Shelley Memorial Award and the Robert Creeley Award.

Kenning JP García (FKA **Kenyatta**) is the author of *This Sentimental Education, ROBOT,* and *So This Is Story*. Xe was raised in Brooklyn,

NY but has since moved upstate to Albany where xe received a degree in linguistics. Xe worked in restaurants for a dozen years but currently works the graveyard shift pushing a broom around one of the biggest box stores in America. By day, xe is an editor, humorist, and diarist.

Adriana María Garriga-López is Associate Professor of Anthropology and chair of the Anthropology and Sociology Department at Kalamazoo College in Michigan. Garriga-López holds a Ph.D. in Anthropology (2010,) as well as Master of Arts (2003) and Master of Philosophy (2006) degrees in Anthropology from Columbia University in New York. She holds a B.A. in Cultural Anthropology and Comparative Literature from Rutgers, the State University of New Jersey (2001,) where she co-founded LLEGO! (The Queer People of Color Union.) Adriana is also a poet, performance artist, muralist, and soprano. Her creative work has appeared in *Intima: A Journal of Narrative Medicine; The New Engagement; Cruce; 80 Grados; Sargasso; Ad Hoc; African Writing; The Columbia Review; Beyond Polarities*; and *Piso 13*.

Elisa Gonzalez is a poet, essayist, and fiction writer. Her work appears in *Epiphany, Harvard Review, Hyperallergic*, and elsewhere. A graduate of Yale University and the New York University M.F.A. program, she has received fellowships from the Kingsley Trust Association, the Norman Mailer Foundation, the Bread Loaf Writers' Conference, and the Fulbright Program.

Cindy Jiménez-Vera was born in Puerto Rico. She is the author of *No lugar, Islandia*, and 400 nuevos soles, among others. Her work has been translated into English, Italian and Portuguese. She is editor of Ediciones Aguadulce.

Gegman Lee (Carolina, 1990) Es poeta, editor y librero. Su poesía ha sido traducida al inglés y al portugués y es uno de los editores más jóvenes del país. Es egresado de la Universidad de Puerto Rico, recinto de Río piedras, donde estudió historia, comunicaciones y artes

editoriales. Cultiva la poesía desde adolescente. Ha gestionado un sin-
número de lecturas, como también fue coeditor de la revista artenasal
Parhelios (2011). En el 2013 fue finalista en el certamen literario de su
álma máter, en el 2014 ganó el premio El farolito azul de la editorial
Ediciones Callejón, por el que se publicó su primer libro, *Nostos*, el cual
fue finalista en el Pen Club (2015). En el 2018 publicó su segundo libro
Elegía a los vencidos.

Yara Liceaga is the coordinator and curator of Poetry Is Busy, a
multi-disciplinary, multi-media reading series. Her column, Buscapié,
appears in *El Nuevo Día*. She is the author of cielo riel/cross sections
and cruda realidad, among others.

Claritza Maldonado, better known as Clari [as stated by her gold ca-
denita], is a creative writer, poet, and researcher from Chicago. She
holds a BA in Linguistics with a minor in Latina/o Studies from the
University of Illinois at Urbana-Champaign. She is currently a grad-
uate student at Brown University in the American Studies Ph.D. pro-
gram and the Public Humanities MA program.

Ricardo Alberto Maldonado was born and raised in Puerto Rico.
He is the recipient of fellowships from CantoMundo, NYFA and
Queer|Arts|Mentorship.

Jennifer Maritza McCauley is the author of *SCAR ON/SCAR OFF*
(Stalking Horse Press.) She has received fellowships from the Nation-
al Endowment for the Arts, Kimbilio, CantoMundo and the Knight
Foundation, and awards from *Best of the Net*, Independent Publisher
Book Awards, and the Academy of American Poets. She is also poetry
editor at *The Missouri Review* and fiction editor at *Pleiades*. She received
her MFA from Florida International University, and is pursuing her
PhD in creative writing at the University of Missouri.

Erica Mena is a Puerto Rican poet, translator, and book artist. She hold an MFA in poetry from Brown University, and an MFA in literary translation from the University of Iowa. Their book *Featherbone* (Ricochet Editions, 2015) won a 2016 Hoffer First Horizons Award. Their translation of the Argentine graphic novel *The Eternaut* by H.G. Oesterheld and F. Solano Lopez (Fantagraphics, 2015) won a 2016 Eisner Award. Find them at www.acyborgkitty.com

Lara Mimosa Montes is the author of *The Somnambulist*. She is a senior editor at *Triple Canopy*. She was born in the Bronx and now lives in Minneapolis.

Urayoán Noel is a South Bronx-based writer, critic, performer, translator and intermedia artist originally from Río Piedras. He is an associate professor of English and Spanish at New York University, and the author of seven books of poetry, the most recent of which is *Buzzing Hemisphere/Rumor Hemisférico*. He is also the author of the critical study *In Visible Movement: Nuyorican Poetry from the Sixties to Slam*, winner of the LASA Latina/o Studies Book Award, and the editor and translator of *Architecture of Dispersed Life: Selected Poetry by Pablo de Rokha*. In 2019, Catafixia Editorial in Guatemala will publish a book of his selected poetry (1999-2019), edited by José Miguel Curet.

Gabriel Ojeda Sague is a gay, Latino Leo living in Chicago. He is the author of *Losing Miami* (Civil Coping Mechanisms, 2019), *Jazzercise is a Language* (The Operating System, 2018), and *Oil and Candle* (Timeless, Infinite Light, 2016). He is also the author of chapbooks on gay sex, Cher, the Legend of Zelda, and anxious bilingualism. He is currently a PhD candidate at the University of Chicago.

Luis Othoniel Rosa (Bayamón, Puerto Rico, 1985) is the author of two novels *Otra vez me alejo* (Buenos Aires: Entropía 2012; San Juan, PR: Isla Negra 2013) and *Caja de fractales* (Buenos Aires: Entropía 2017; Puerto Rico: La Secta de los Perros, 2018), and the academic book

Comienzos para una estética anarquista: Borges con Macedonio (Chile: Cuarto Propio, 2016). He studied at the University of Puerto Rico (Río Piedras) and holds a Ph.D. in Latin American literature from Princeton University. He is the editor of *El Roommate: Colectivo de Lectores.* He currently teaches at the University of Nebraska-Lincoln, and works on two book projects: a sci-fi novel titled *El gato en el remolino* and a research project titled *A Radical Pedagogy of Literature: Luisa Capetillo Reading Aloud in Tobacco Factories.*

Mara Pastor is a Puerto Rican poet, editor, and translator. Her works include *As Though the Wound Had Heard, Children of Another Hour,* and *Poemas para fomentar el turismo,* a finalist for the 2013 Premio Internacional Festival de la Lira in Ecuador.

Ana Portnoy Brimmer is a Puerto Rican poet-performer, writer and ARTivist. She holds a BA and an MA in English from the University of Puerto Rico, and is an MFA candidate in Creative Writing at Rutgers University-Newark. Ana is the inaugural recipient of the Sandra Cisneros Fellowship, a Pushcart Prize nominee, and a co-organizer of the #PoetsForPuertoRico movement. She is also a Voices of Our Nations Arts Foundation Fellow, an Under The Volcano Fellow, a Las Dos Brujas Writing Workshop Alumna, and an inaugural Moko Writers' Workshop Alumna. Her work has been published or is forthcoming in *Foundry Journal; Sx Salon; Aftershocks of Disaster: Puerto Rico Before and After the Storm; Huizache: The Magazine of Latino Literature; Kweli Journal; Anomaly; Voces desde Puerto Rico/Voices from Puerto Rico; Centro Journal;* among others.

Rubén Ramos Colón poeta y memista. Ha publicado cuatro libros, *Angst* (Agentes Catalíticos, 2010), *Wéilsong* (Atarraya Cartonera, 2013), *Ultramar* (Instituto de Cultura Puertorriqueña,2015) y *Éxodo y Pompeya* (The Puerto Rico Review, 2018).

Katerina Ramos-Jordán is a student, poet, and dancer from Trujillo Alto, Puerto Rico. A university nomad, she started her bachelor's degree at the University of Puerto Rico (UPRRP) and now continues to study English and Dance at Wesleyan University where she holds the Mellon Mays Undergraduate Fellowship (MMUF).

Yolanda Rivera Castillo was born in Añasco, Puerto Rico. Her father, Sotero Rivera Avilés, was a poet from the Generación del Sesenta. Her offspring, Raquel Salas Rivera, is a poet as well. Poetry has been key to existence since she was seven years old. As a student, she participated in Taller Cultural Caramba, a group that advocated taking poetry to the streets and reclaiming the oral tradition. She has published in anthologies and poetry journals in Spanish (*Pulso de poesía, Homoerótica, Cachaperismos, Grito de mujer, Contratiempo*), her native tongue, and in English (*Tongue's Palette, Erotique Caribbean*). She won second place in Poesía en Abril, an international contest from the literary journal Contratiempo, and an honorific mention for Baladas de tentación y destierro in the international contest La palabra de mi voz. She was selected for inclusion among twenty poets in the book entitled *Eros 2015*, from the international contest III Certamen de Poesía Erótica Canarias 2015. One of her books – *Poemas a medio pollito* – was edited in Argentina by Editorial iRojo, and is awaiting publication. Currently, she is a professor at the University of Puerto Rico-Río Piedras, where she teaches linguistics. She believes that on the tongue or the page, poetry summons the mundane and the sublime.

Shey Rivera Rios (pronouns: they/them) is a multi-genre artist and arts manager. They are active in the mediums of performance, installation, digital media, and poetry/narrative. The creations spam several genres and a myriad of topics, from home to capitalism to queerness to magic. Rivera is also a performance curator and producer of interventions that activate people creatively. Participation in national organizations include: member and alumni of the National Association of Latino Arts and Culture (NALAC), member of the Board of Directors of the Alliance of Artist Communities, Fellow of the Intercultural Leadership Institute (ILI) 2017-2018, and Brown University Public Humanities Community Fellow 2017-2019. Rivera has a BA in Psychology and Sociology from the University of Puerto Rico, Rio Piedras campus, and graduate studies in Contemporary Media and Culture from the University of the Sacred Heart, San Juan, Puerto Rico. sheyrivera.com

Pó Rodil born in 1994 is a caribbean transdisciplinary performance artist from Ponce, Puerto Rico. Their work aims to problematize and research queer life and to question the views into the otherness of the body, identities and mental health. They take from many disciplines such as theatre, writting, the voice, performance art and drag performance to build auto-ethnographic works.

Gaddiel Francisco Ruiz Rivera (Vega Baja, 1991) Es poeta, artista y maestro. Ha publicado los libros *Via crucis de la otredad* (2012), *Reptura de agua enchufada en una isla* (2015) y *Remedios crónicos para enfermedades caseras* (2016) y *lógica escata* (2017). Textos suyos aparecen en *Internacional Aulladora Anarquista* (2017), y en las antologías *No cierres los ojos: antología de relatos de horror y terror*, en Hablan sobre Julia. Reflexiones en su centenario, y en las revistas: *Cruce, 80grados, Ciudad Puente, Letras de Chile, Retorno, Transtierros, Trasunto* y *LL Journal*. Su poesía se ha traducido al inglés para *The Wanderer* y al portugués para *Otro páramo*. Es miembro de la Junta Editorial de Ediciones Aguadulce, proyecto que representó en la Feria Internacional del Libro en la Habana, Cuba, desde el 2016 al 2019. Fue invitado como poeta y como editor de Ediciones Aguadulces a Casa Tomada IV Encuentro de Pensamiento y Creación Joven en las Américas en el 2017.

Raquel Salas Rivera is the 2018-19 Poet Laureate of Philadelphia. They are the author of six chapbooks as well as four full-length poetry books. From 2016-2018, they were Co-editor of *The Wanderer* and are currently the Co-editor of *Puerto Rico en mi corazón*.

Spenser Santos is a scholar-translator currently based at the University of Iowa, where he is concurrently completing an MFA in Literary Translation and a PhD in English Literature with a focus on medieval English translation practices. His translations from Old English and Icelandic have previously appeared in *The Cordite Poetry Review* and *Asymptote*'s Translation Tuesday feature, while his poetry has been featured in *Weird Cookies and Poetic Strokes*, and now in *Puerto Rico en mi Corazón*.

Oscar Sarmiento is a translator and professor at State University of New York: Potsdam. He is the author of Carta de extranjería.

Born in St. Thomas, U.S.V.I. and raised in Apopka, Florida, **Nicole Sealey** is the author of *Ordinary Beast*, finalist for the 2018 PEN Open Book Award and the 2018 Hurston/Wright Legacy Award, and *The Animal After Whom Other Animals Are Named*, winner of the 2015 Drinking Gourd Chapbook Poetry Prize. Her other honors include a Jerome Foundation Travel and Study Grant, an Elizabeth George Foundation Grant, the Stanley Kunitz Memorial Prize from The American Poetry Review, a Daniel Varoujan Award and the Poetry International Prize, as well as fellowships from the Bread Loaf Writers' Conference, CantoMundo, Cave Canem, MacDowell Colony and the Poetry Project. Her work has appeared in *The New Yorker, The New York Times* and elsewhere. Nicole holds an MLA in Africana studies from the University of South Florida and an MFA in creative writing from New York University. Recently named a 2019-2020 Hodder Fellow at Princeton University, she is the executive director at Cave Canem Foundation, visiting a professor at Boston University and the 2018-2019 Doris Lippman Visiting Poet at The City College of New York.

Vincent Toro is the author of *Stereo.Island.Mosaic.* (Ahsahta Press), winner of the Poetry Society of America's Norma Farber First Book Award and the 2015 Sawtooth Poetry Prize. He is the recipient of a Poets House Emerging Poets Fellowship, a New York Foundation for the Arts Fellowship, the Caribbean Writer's Cecile De Jongh Poetry Prize, and The Spanish Repertory Theater's Nuestras Voces Playwriting Award. Vincent's poems have been published in dozens of journals including *BOAAT, Vinyl, Huizache,* and the *Washington Square Review,* as well as in the anthologies *Best American Experimental Writing 2015, Saul Williams' CHORUS,* and *Misrepresented People: Poetic Responses to Trump's America.* He teaches writing and literature at Bronx Community College and Cooper Union's Saturday Program, and is a poet in the Schools for the Dreamyard Project and the Dodge Poetry Foundation. His second collection, *A Tertulia,* is forthcoming from Ahsahta Press in 2020.

Xavier Valcárcel (Loíza, 1985) es escritor y artista visual. Posee una Maestría en Gestión y Administración Cultural de la Universidad de Puerto Rico. Es autor de los poemarios: *Cama onda* (2007), *Anzuelos y carnadas* (2009), escrito junto al poeta Ángel Antonio Ruiz-Laboy, *Palo de lluvia* (2010), *Restos de lumbre y despedida* (2012) y *El deber del pan* (2014). Desde 2009, dirige junto a la poeta Nicole Delgado el proyecto editorial Atarraya Cartonera. Actualmente coordina el programa artístico de una organización sin fines de lucro que brinda servicios a niños, niñas y jóvenes en San Juan y Yabucoa.

Natalia Villaran (She/her) Afro-Boricua and intersectional feminist, she has used her words to further the understanding and importance navigating life as a black femme. Writer, editor, translator and Co-Director of Till Arts Project, most recently she participated in Cyborg Memories project (http://cyborgmemoirs.com/), exhibit her poetry at The Black QT Artistic Body at the University of Pennsylvania and read her poetry at En Comunidad: Works by Queer and Trans Latinx Contemporary Artists exhibit in Philadelphia, PA.

The second book in the Anomalous Press anthology series, this book was designed and the cover letterpress printed by Erica Mena in a limited edition of 100 copies.

Anomalous Press is dedicated to the diffusion of writing in the forms it can take. We're searching for imaginary solutions in this exceptional universe. We're thinking about you and that thing you wrote one time and how you showed it to us and we blushed.

www.anomalouspress.org

Published by Anomalous Press:

1. *Courting an Orbit* by Alma Baumwoll

2. *An Introduction to Venantius Fortunatus for Schoolchildren or Understanding the Medieval Concept World through Metonymy* by Mike Schorsch

3. *The Continuing Adventures of Alice Spider* by Janis Freegard

4. *Ghost* by S. Tourjee

5. *Mystérieuse* by Éric Suchère, translated by Sandra Doller
selected by Christian Hawkey

6. *The Everyday Maths* by Liat Berdugo
selected by Cole Swensen

7. *Smedley's Secret Guide to World Literature by Jonathan Levy Wainwright, IV, age 15* by Askold Melnyczuk

8. *His Days Go By The Way Her Years*
by Ye Mimi, translated by Steve Bradbury

9. *Mimi and Xavier Star In A Museum That Fits Entirely In One's Pocket* by Becca Barniskis

10. *Outer Pradesh* by Nathaniel Mackey

11. *The Occitan Goliard Songs of Clamanc Llansana followed by a French prose poem of Marcel de l'Aveugle* translated and introduced by Kit Schluter

12. *Third Person Singular* by Rosmarie Waldrop

13. *Anatomy of a Museum* by A. Kendra Greene

14. *Drown/Sever/Sing* by Lina Maria Ferreira Cabeza-Vanegas

15. *The All-New* by Ian Hatcher

16. *Book of Interludes* by Grace Shuyi Liew

17. *The Surrender* by Veronica Esposito

18. *Body Split: When Tongue Was Muscle* by S. Tourjee /
I Wanted Just To Be Soft by Temim Fruchter

19. *Cargo* by Pia Deas

20. *The Stone Collector* by A. Kendra Greene

21. *Vagrants & Uncommon Visitors* by A. Kendra Greene

Made in the USA
Middletown, DE
03 December 2019